UNE
ANNÉE A PARIS

COMÉDIE EN TROIS ACTES, EN PROSE,

PAR

MADAME ANCELOT,

Représentée pour la première fois à Paris, sur le SECOND THÉATRE FRANÇAIS,
le 21 Janvier 1847.

PERSONNAGES.	ACTEURS.
GASTON DE LUSIGNY	MM. Randoux.
ADRIEN DERBOIS	Clément-Juste.
JULES DE PRESSY	Henry-Vannoy.
LE CHEVALIER DE SAINT-ALIX	Victor-Henry.
BERTRAND	Blaisot.
M. DE SAVIGNY	Baptiste.
LA MARQUISE DE FERRIÈRE	Mmes Neuville.
LÉONIE DE VALBON	Meignan.
ÉMELINE DE SAVIGNY	Delville.
JEANNETON, JENNY, JEANNE	Bonval.
LE VICOMTE	Frank.
DURANTY	Octave.
RAYMOND	Charles.
UN DOMESTIQUE	Forestier.

La scène se passe au premier acte et au troisième en Limousin, au château de Lusigny. — Au 2ᵉ acte, à Paris, chez M. de Savigny.

Nota. — Les personnages sont placés en tête de chaque scène comme ils doivent l'être au théâtre ; le premier indiqué occupe la droite de l'acteur.

A Monsieur le comte Horace de Viel Castel.

On sait combien j'aime à parer d'un nom ami le titre d'un ouvrage, et je veux joindre ici le souvenir d'une ancienne amitié à celui du plaisir que m'ont donné ces délicieux romans où vous avez peint le monde avec autant de bon goût que de bon esprit. L'idée de la comédie que je viens de donner sous le titre de *Une Année à Paris*, m'est venue à la lecture d'un de vos plus charmants ouvrages, et mon Gaston est proche parent de votre Albert. Tous deux, comme bien des jeunes gens de notre époque, croyant trouver à Paris l'emploi utile et brillant de leur intelligence, viennent briser leur bonheur aux écueils qu'ils y rencontrent, car il en est parfois de Paris comme de certaines contrées de l'Amérique : on arrive pour y régner, et l'on ne peut pas même y vivre. Quant à ceux qui sont habitués des longtemps à ce sol mobile et brûlant, s'ils y vivent heureux, c'est qu'ils ont trouvé près de quelques personnes distinguées ce charme de l'esprit et cette douceur de l'amitié qui consolent et récompensent de tout.

Virginie Ancelot.

ACTE PREMIER.

Le théâtre représente un parc; à gauche du public, au premier plan, un château, fenêtre avec balcon praticable au premier étage; au-dessous fenêtre basse; l'entrée du château avec perron et vases de fleurs à la suite du corps de bâtiment, puis une autre aile du château. — A droite du public un bosquet et des arbres; une petite éminence vers le milieu du théâtre; au fond petit mur fermant le parc; toile de fond représentant un paysage avec montagnes.

SCÈNE PREMIÈRE.

GASTON, JULES.

GASTON *arrive très vite par la gauche de l'acteur.*

C'est là !

JULES, *qui court après lui.*

Où courez-vous ! arrêtez !

GASTON.

Laisse-moi.

JULES.

Mais il n'y a pas de bon sens, le courrier partira sans nous.

GASTON.

Tais-toi donc !

JULES, *plus bas et très-vite.*

Non, il faut que vous m'écoutiez... Quoi, nous prenons le courrier pour arriver sans perdre un moment à ce Paris, que vous brûlez de voir et qu'on veut vous cacher... votre impatience est extrême; vous ne lisez pas même les lettres que vous recevez de votre famille, de peur d'être détourné de votre projet : un jour ! une heure ! qui vous eussent arrêté vous auraient jeté dans la plus vive colère... et maintenant, vous risquez de rester en route ! Pendant qu'on change de chevaux vous vous amusez à quoi ? à courir dans les champs et à venir admirer un vieux château dans un mauvais village du Limousin, où vous ne pouvez même rien voir... puisqu'il ne fait pas encore jour.

GASTON, *troublé et vivement.*

Jules, ce château..... c'est là qu'on m'appelle, qu'on m'attend... ma vieille mère ! ma jeune cousine !

JULES, *avec une impatience comique.*

Bon! du sentiment quand le courrier va partir.

GASTON, *montrant le château.*

C'est là que j'ai passé mon enfance. (*Montrant le fond de la scène.*) Là... dans ces montagnes, que j'ai tant couru, tant rêvé! Ah ! c'est heureux que la nuit me les cache; si le soleil les dorait de ses rayons lumineux, je ne sais si je pourrais les quitter. Il semble alors que le ciel vient de s'ouvrir, et les fleurs plus fraîches, les oiseaux plus joyeux bénissent si gaiement le jour qui leur est rendu, que...

JULES, *l'interrompant.*

De la poésie, à présent... et quand les chevaux sont attelés ! j'en suis sûr.

GASTON.

Nous avons encore quelques minutes...... laisse-moi regarder les fenêtres... de ma cousine.

JULES.

Oui, pour que le père Bertrand vous aperçoive du donjon où il couche : lui qui est levé avant le jour.

GASTON, *très surpris, le prend par le bras, et le ramène sur le devant du théâtre.*

Et d'où sais-tu qu'il y a un père Bertrand ?... qu'il loge là? qu'il se lève avant le jour ?

JULES, *avec un peu d'embarras , mais riant.*

Est-ce que ce n'est pas vous qui me l'avez appris ?

GASTON.

Allons donc! moi ?

JULES.

Alors, je ne puis dire...

GASTON, *avec impatience.*

Quoi? la vérité?.. il faut pourtant que je la sache... et à l'instant, ou je te laisse. Qui es-tu ? comment connais-tu ce village ?... Pourquoi t'es-tu adressé à moi en Italie quand...

JULES, *l'interrompant par un geste..*

Oh!...

GASTON *sourit et se reprend.*

Pourquoi m'as-tu encouragé dans mon violent désir d'aller à Paris, contre la volonté de ma famille?

JULES, *gaiement.*

Il n'y a rien de plus aisé que de vous instruire de tout cela. D'abord, qui je suis?... ma foi... il faut que je l'avoue : J'appartiens à cette classe intéressante qu'on appelle enfants-trouvés , et qu'on ferait mieux d'appeler enfants-perdus; et j'ai commencé par faire dans ce village un métier qui ne jouit pas de la considération qu'il mérite. Le métier de vagabond! vivant sans biens , sans travail, sans asile ! les anciens appelaient ça des philosophes et les honoraient !.. les modernes mettent cette philosophie-là au corps-de-garde. L'avantage, en ceci, me semble tout-à-fait en l'honneur de l'antiquité. Un jour où l'on m'avait enfermé pour m'apprendre à travailler, je m'enfuis par une fenêtre, et je gagnai la grande route. Je ne vous dirai pas ce que j'ai fait depuis, ce serait trop long. J'avais 18 ans, j'en ai 24, et je ne suis pas mort de faim : cela vous prouve que j'ai du

urage, de l'intelligence et de l'activité. J'ai mis
[t]out cela à votre service pour un peu de cet ar-
[ge]nt qui me manque, et que vous avez ; et j'ai
[ad]opté votre projet d'aller à Paris, parce qu'il
[n'] y a que là qu'on puisse mettre ses talents en
[év]idence pour obtenir fortune et gloire. J'ai be-
[so]in de l'une, vous avez envie de l'autre, et nous
[no]us sommes associés : voilà tout.

GASTON, *riant.*

Tu m'amuses! Ainsi, tu me connaissais ?

JULES, *gaiement.*

Quand je vous rencontrai en Italie, où, pour le
[m]oment, je me trouvais dans un embarras... oui,
[ce]rtes, je connaissais le château, les terres, la
[pe]tite cousine, et la vieille marquise, grand'mère
[du] comte Gaston de Lusigny, voire même aussi
[le] vieux Bertrand, valet-de-chambre de la mar-
[qu]ise, et le chevalier de Saint-Alix, son ancien
[s]isbé.

GASTON, *l'arrêtant.*

Jules !

JULES, *de même.*

Et je compris parfaitement que ce serait grand
[do]mmage de vous enterrer vivant dans ce vieux
[ca]stel héréditaire, avec des gens et des idées d'un
[au]tre siècle. Maintenant, vous avez l'air de les
[re]gretter... grand bien vous fasse. Restez, soyez
[le] digne hobereau Limousin..... un vrai M. de
[Po]urceaugnac... je file tout seul vers.... la capi-
[tal]e.

GASTON.

Mais je te suis, et je n'ai jamais eu la moindre
[en]vie de rester.

JULES.

Venez donc...

*(la fenêtre du balcon s'ouvre. Gaston s'ar-
rête, le retient et écoute.*

LÉONIE, *en robe blanche, sur le balcon.*

C'est aujourd'hui !... Oh! béni soit le beau
[jo]ur qui doit le ramener près de nous.

GASTON, *bas à Jules.*

C'est elle !

JULES.

Chut !

LÉONIE.

Mon Dieu! je vous prie pour lui... Je n'ai plus
[rie]n à demander pour moi, puisque je vais le re-
[vo]ir.

*(La fenêtre au-dessous du balcon, au rez-de-
[c]haussée s'ouvre, on voit la vieille marquise.)*

LA MARQUISE.

L'arrivée de mon petit-fils m'a éveillée avant le
[jo]ur.

BERTRAND, *sortant du château.*

Il est temps d'aller au-devant de notre jeune
[m]aître.

[JE]ANNETON *paraît dans le fond en paysanne, et
monte sur un tertre.*

Si je pouvais le voir la première ?

GASTON, *caché dans le bosquet, avec Jules.*
Tout s'éveille pour fêter mon retour.

JULES.

Eh bien !

GASTON.

Je n'ai [plus de forces ! fais de moi ce que tu
voudras.

JULES.

C'est heureux !

(Ils disparaissent.)

SCÈNE II.

BERTRAND ET JEANNETON, *puis un moment
aux fenêtres* LÉONIE ET LA MARQUISE.

LA MARQUISE.

Eh bien ! Bertrand... voyez-vous la voiture
que j'ai envoyée au-devant du comte ?

BERTRAND.

Pas encore, madame la Marquise. (*S'adressant
à Jeanneton.*) Et toi, Jeanneton, de là tu dois
voir plus loin.

JEANNETON, *se haussant sur la pointe des pieds.*
Et pourtant, je ne vois rien.

LA MARQUISE, *à Bertrand.*
Que fait le chevalier ?

BERTRAND.

Il dort sans doute... mais, non, sa fenêtre aussi
vient de s'ouvrir ; il n'y a plus d'endormi que la
jeune dame arrivée hier soir.

LA MARQUISE.

Je la verrai dès qu'elle sera levée. Vous, Bertrand, restez ici et venez m'avertir dès que vous
verrez paraître mon petit-fils, afin que personne
ne lui parle avant moi. (*Elle rentre et la fenêtre
se ferme.*)

LÉONIE, *du balcon au-dessus, et modérant sa voix
comme si elle craignait d'être entendue.*

Jeanneton ! Jeanneton !

JEANNETON, *s'approchant.*

Mam'zelle Léonie ! me v'là.

LÉONIE, *se penchant et à demi-voix.*

Appelle-moi dès que tu verras mon cousin,
afin que je lui parle la première.

JEANNETON.

Je n'y manquerons pas.

LÉONIE *lui jette un ruban rose.*

Tiens... pour toi. (*Elle se retire et ferme la fenêtre.*)

JEANNETON, *ramassant le ruban.*

Qué bonheur!... je reprends mon poste. (*Elle
se remet en observation.*)

BERTRAND, *sur le devant, à lui-même, avec joie.*

Enfin, notre jeune maître revient après un an
d'absence!.. Et il sera le maître à présent. Il faut
espérer que nous n'en aurons plus d'autre. (*Il
voit dans le fond le chevalier de Saint-Alix et fait
un geste de mécontentement.*)

SCÈNE III.

BERTRAND, LE CHEVALIER, JEANNETON.

LE CHEVALIER, *vieux, poudré, soigné, arrangé ; il reste dans le fond derrière Jeanneton qui ne le voit pas ; il a un lorgnon.*

JEANNETON.

Père Bertrand, au lieu de maugréer comme ça tout seul, venez donc faire un petit brin de causette avec moi.

LE CHEVALIER, *à part, content.*

Jeanneton.

BERTRAND, *se retourne vers Jeanneton et dit gaiement.*

Tu es toujours prête pour bavarder, toi, Jeanneton, et pour faire causer les autres.

JEANNETON, *riant.*

Ça, c'est vrai !

BERTRAND, *riant aussi.*

Tu es curieuse, tu es coquette, tu es paresseuse.

JEANNETON, *approchant.*

Merci; qu'est-ce que je vous donnerai pour tout ça?.. père Bertrand.

LE CHEVALIER, *s'approchant.*

Ah! c'est mal (*Il a l'air doucereux et cérémonieux et ôte son chapeau à Jeanneton!*) Belle Jeanneton !

BERTRAND, *grognant.*

Des cérémonies à présent... avec ?

LE CHEVALIER.

Une femme!

JEANNETON.

Ah! monsieur le chevalier de Saint-Alix, c'est ça qu'est ben gentil, il ne vous parle que par révérence; ça vous fait tout de même plaisir.

LE CHEVALIER, *la regardant.*

Ah! ah!

JEANNETON, *à un geste que fait Bertrand.*

Et ça n'empêche pas le respect : je sais ben ce que je dois à Monsieur. Moi une orpheline, il m'a fait élever aux frais de la commune, il m'a nourrie aux dépens de madame la Marquise, et il me fait garder les bêtes du château pour que je sois avec vous tous.

BERTRAND.

Et pourquoi que tu n'es pas avec tes chèvres!

JEANNETON.

Tiens, c'est que le jeune maître arrive aujourd'hui.

LE CHEVALIER, *malignement.*

Le jeune maître, ah! ah!

BERTRAND.

Et qu'est-ce que ça te fait qu'il arrive?

JEANNETON.

Est-ce que je n'ai pas ben joué et ben ri avec lui, quand nous étions petits?

BERTRAND.

Mais, il est grand... et il n'est plus question de cela à cette heure qu'il a vingt ans,

LE CHEVALIER, *secouant son jabot avec fatuité.*

A cet âge, moi, je n'en aurais ri que mieux avec vous, belle Jeanneton.

JEANNETON.

Vous êtes ben honnête, monsieur le Chevalier, et... c'est comme moi (*Elle rit.*) Je ris tout de même depuis que j'ai vingt ans, (*Elle rit.*) et j'en apprends tous les jours de ces choses qui me font rire et qui me donnent à penser.

LE CHEVALIER.

Ah ! elle est gentille, ma foi.

BERTRAND.

Vous trouvez.

JEANNETON, *confidentiellement.*

Et il faut même que je vous questionne ; vous êtes un homme d'âge (*Elle est venue entre les deux, Bertrand un peu en arrière. Elle s'est adressée au chevalier qui est choqué et fait un mouvement, alors elle se retourne vers Bertrand*), c'est vous qui êtes bien capable d'en apprendre à une jeunesse.

BERTRAND, *mécontent.*

Qui a trop envie de s'instruire.

JEANNETON, *à Bertrand.*

On dit au village que... dans vot' temps vous avez été à Paris ?

BERTRAND, *effrayé.*

Qui ose parler de Paris ?

JEANNETON, *se tourne vivement vers le chevalier en riant.*

Et que vous vous y êtes joliment amusé, Monsieur le chevalier.

LE CHEVALIER, *arrangeant son jabot d'un air de fatuité.*

Je ne dis pas non : à dix-huit ans, j'étais page de la reine.

BERTRAND.

Et moi coureur de Madame la marquise.

JEANNETON, *les regarde l'un après l'autre.*

Combien qu'il y a de cela ?

LE CHEVALIER, *fait un mouvement de demi-pirouette et ne répond pas.*

BERTRAND.

Il y a (*Il a l'air de chercher*) cinquante-sept ans....ah ! c'était le bontemps alors ! tout est bien changé.

JEANNETON.

Je crois bien... est-ce que vous aussi vous n'êtes pas changé?... du temps que vous étiez coureur (*Elle rit*), ce n'est plus ça.

BERTRAND.

Souviens-toi toujours de ne pas parler ici de Paris, Madame la marquise l'a défendu.

LE CHEVALIER, *remuant son jabot.*

Cette chère marquise... elle craint... Paris.

BERTRAND, *à Jeanneton.*

Et je te conseille aussi de le craindre et de garder tranquillement les chèvres sans penser à rien.

JEANNETON, *riant.*

Oh ! que nenni ! je veux penser et si je pouvais partir, je ne m'en gênerais guère : ce n'est pas que je ne sois ben attachée à mes bêtes et à vous père Bertrand... mais il y a des bêtes partout, et je sommes gens de revue.

LE CHEVALIER, *qui a bien examiné Jeanneton avec son binocle.*

Une jolie fille que Jeanneton (*elle veut s'éloigner, il la retient*), le nez... de la Duthé... c'est ma foi vrai... son... nez.

JEANNETON.

Laissez-moi donc aller regarder si le jeune maître n'arrive pas (*Elle va dans le fond et monte sur le tertre*).

BERTRAND.

Et moi qui reste là au lieu d'aller prendre les ordres de Madame la marquise... et ensuite au-devant de son petit-fils (*Il rentre au château*).

LE CHEVALIER, *il sourit.*

Cette petite Jeanneton!.. elle ensorcelle son monde (*Il va près d'elle*) ; une jolie taille ! la taille de la Guimard... (*Il veut lui prendre la taille*).

JEANNETON, *regardant au-dehors.*

Laissez donc... tout ça est ben à moi et non à vos Duthé ! à vos Guimard et personne n'y touche (*Elle fait un petit cri*) ! Ah !... la voiture... du courrier... qui vient de verser dans le fossé.

LE CHEVALIER.

Bah !

JEANNETON, *regardant toujours.*

Oh ! ce n'est pas celle qui peut amener M. le comte ; c'est celle qui traverse le village pour aller à Paris, tiens le postillon ne se relève pas... on va au secours.

LE CHEVALIER.

Ma foi.. j'y vais aussi, il y a peut-être quelque dame ; je me souviens qu'une fois j'aidai une jolie femme dont la voiture s'était brisée (*faisant sabot ; d'un air fat*) elle était ma foi charmante... au revoir Jeanneton (*il va lui prendre la taille*).

JEANNETON, *riant.*

Quand donc serez vous raisonnable.... M. le chevalier.

LE CHEVALIER, *riant avec une fatuité malicieuse.*

Fontenelle disait si je n'avais que quatre-vingts ans... et je ne les ai pas, je suis loin de les avoir... Jeanneton, je ne te dis que cela... je ne les ai pas (*Il rit et il s'en va avec fatuité, par la gauche*).

JEANNETON.

Et qu'est-ce que ça veut dire ? ah !... il a bien fait de partir (*Elle rit*), voilà Mme la marquise qui vient avec la dame arrivée hier soir... Elle n'aime pas qu'on folâtre avec les jeunesses (*Elle sort aussi par la gauche*).

SCÈNE IV.

(*Le théâtre s'est éclairé, il fait grand jour.*

LA MARQUISE, MADAME DE SAVIGNY, BERTRAND.

LA MARQUISE, *en descendant le perron du château continuant à Bertrand qui les suit.*

Ainsi le notaire de la ville est arrivé.

BERTRAND.

Depuis hier soir, il a préparé tous les papiers, comptes de tutelle, contrats, etc.

LA MARQUISE.

Bien bien... tout le reste sera prêt aussi pour mardi prochain, la grande fête ! (*A madame de Savigny*). Nous dotons et marions deux jeunes filles ; celle du métayer, et celle de Jean Potron.

BERTRAND, *riant.*

Oh! même avant les ordres de madame la marquise, les filles étaient déjà prêtes au mariage, ce n'est pas elles qui seront en retard, soyez tranquille.

LA MARQUISE.

Jeanneton et les deux Jacquelines seront habillées de neuf ; les plus pauvres du village recevront un écu et de la toile... des bouquets et des rubans, mardi à tous les jeunes gens... ils danseront dans le parc, au rond-point, et sous les maronniers, pour les vieux... du vin à discrétion, puis, à tout le monde un dîner!... qu'on en parle encore, quand je n'y serai plus... qu'on se dise qu'il n'y a rien eu de plus beau que les noces du comte Gaston de Lusigny, telles que les a célébrées la marquise de Ferrière son aïeule !.. Allez Bertrand.. (*fausse sortie*), n'oubliez pas la timbale et le couvert d'argent pour le vainqueur à l'arbalète, et au mât de cocagne... enfin, veillez à tout et que la fête soit digne de notre noble famille (*Bertrand sort par la gauche*).

SCÈNE V.

LA MARQUISE, MADAME DE SAVIGNY.

LA MARQUISE, *à madame de Savigny, continuant.*

Il n'y a plus que dans nos pauvres petits villages bien éloignés de Paris, qu'il est possible de vivre un peu en grands seigneurs.

MADAME DE SAVIGNY, *souriant.*

C'est vrai.

LA MARQUISE, *regardant autour d'elle.*

Le temps sera superbe, mais chaud ; profitons de la fraîcheur du matin pour causer ici, ma chère Emeline (*Elles vont s'asseoir à droite, près du château, sur des chaises de jardin*). Le temps approche où je me tairai pour toujours.

MADAME DE SAVIGNY.

Ah!

LA MARQUISE.

Et je voudrais savoir d'une jeune amie ce que je laisse après moi... pour votre bonheur à tous.

MADAME DE SAVIGNY, *soupirant*.

Que puis-je vous dire?

LA MARQUISE.

A peine arrivée, vous repartez aujourd'hui.

MADAME DE SAVIGNY.

Mon mari absent de la France, pour une importante mission, vient d'arriver à Paris pendant que j'étais dans les Pyrénées; il m'écrit d'y revenir au plus vite, et si ce n'était pour vous, chère marquise, il ne me pardonnerait pas ce retard de vingt-quatre heures.

LA MARQUISE.

Il est toujours amoureux, ce cher monsieur de Savigny.

MADAME DE SAVIGNY, *soupirant*.

Ah!...

LA MARQUISE.

Et vous l'aimez aussi, cela va sans dire.

MADAME DE SAVIGNY, *d'un air indifférent*.

Ah! huit années de mariage...

LA MARQUISE.

Huit années? Il y a déjà huit années (*riant*), mais qu'est-ce que cela en comparaison de l'éternité! car le mariage est éternel (*Madame de Savigny soupire; examinant madame de Savigny.*) Ah! ah! mais... vos belles couleurs roses? votre joyeux sourire?

MADAME DE SAVIGNY.

Hélas!

LA MARQUISE.

Qu'est-ce qu'il y a? c'est la vie de Paris qui vous attriste, vous étiez si joyeuse et si fêtée autrefois, jeune fille, dans le magnifique château voisin... mais ce Paris... on n'y respecte ni les grands seigneurs, ni les grandes dames.

MADAME DE SAVIGNY, *souriant*.

Il n'y en a plus.

LA MARQUISE.

On n'y a pas de grandes existences, de grands hôtels?

MADAME DE SAVIGNY.

On a démoli tout cela.

LA MARQUISE, *avec mystère*.

Les femmes n'obtiennent plus de grands égards, et n'inspirent plus de grandes passions.

MADAME DE SAVIGNY, *avec un peu d'ennui, mais souriant*.

Est-ce que les hommes ont le temps? c'est le siècle de l'impatience et de la précipitation : gloire, fortune, talent, bonheur, tout s'improvise. C'est l'affaire d'un jour; il est vrai que cela dure à-peu-près autant, et que tout, à Paris, se fait et se défait avec la même rapidité.

LA MARQUISE.

Il paraît aussi qu'on n'y prend pas seulement le temps de distinguer un gentilhomme d'un bourgeois, que le peuple ne se découvre pas devant un marquis, et qu'on peut aller chez le roi, sans habit brodé; j'ai donc bien raison d'empêcher mon noble petit-fils d'aller végéter là, quand il peut vivre ici en grand seigneur, et je vois que la vie de Paris ne vous a guère profité non plus. Dites-moi tout, chère enfant, je suis encore bonne pour le conseil, auriez-vous des chagrins, des torts? voyons où est le mal?

MADAME DE SAVIGNY, *avec ennui*.

Le sais-je moi-même? je m'ennuie, je souffre! que voulez-vous? A quinze ans on rêve un bonheur idéal! infini! à vingt-cinq on se désole en s'apercevant qu'il n'existe pas! à trente ans on s'arrange pour s'en passer, j'en suis là; et je vis dans cette agitation du monde qui ne laisse pas de place à la réflexion! je suis de tout et partout oh! une véritable femme à la mode; je n'ai pas de vrais chagrins... encore moins de vrais plaisirs. Je n'aurai jamais de tort, et si je n'ai pas de bonheur, je ne crois pas que les autres femmes en aient plus que moi.

LA MARQUISE.

Ah! ah! je me souviens! oui, de mon temps, il y avait bien quelque chose comme cela... on appelait ce mal des vapeurs... à la cour nous en avions toutes... mais ça se passait quand... (*elle se lève, elle lui prend la main, et la fait avancer pour lui parler confidentiellement*). Un mot Emeline... veillez bien sur votre cœur; vous êtes tout juste dans la disposition d'esprit où l'on fait facilement une sottise.

MADAME DE SAVIGNY, *souriant*.

Ne craignez rien!

LA MARQUISE, *l'examinant*.

Ce jeune homme qui vous accompagne M... M.. Adrien Derbois, je crois?

MADAME DE SAVIGNY, *dédaigneusement*.

Oh! un honnête jeune homme, troisième secrétaire d'ambassade, de ces gens qui travaillent beaucoup, sont pleins de mérite, et n'arrivent jamais à rien... Il n'est pas dangereux, lui, et quand je vois quelqu'un qui peut l'être, je m'éloigne j'allais quitter les eaux...

LA MARQUISE.

Les eaux! c'était déjà dangereux de mon temps!

MADAME DE SAVIGNY, *riant*.

Tout un roman! mon cheval emporté allait me jeter dans un précipice, on me sauve, on ne veut pas se faire connaître, on m'envoie des vers passionnés (*Elle rit*). Je passais à l'état d'héroïne si je n'avais pris la poste, et si mon héros dérouté n'ignorait pas tout-à-fait ce que je suis devenue.

(On aperçoit Léonie toute rêveuse qui sort du château et va au-dehors avec inquiétude).

SCÈNE VI.

LA MARQUISE, LÉONIE, Mme DE SAVIGNY.

LA MARQUILE, *à Mme de Savigny.*

Ma nièce, Léonie de Valbon.

MADAME DE SAVIGNY.

Orpheline élevée par vos soins généreux.

LA MARQUISE, *riant.*

Pour vous égayer, je vais vous montrer une jeune fille bien troublée, bien embarrassée. (*elle appelle Léonie.*) Léonie? où allez-vous donc?

LÉONIE (*qui ne les voyait pas, s'arrête surprise*).

Ah (*Elle approche avec embarras et salue; elle va pour prendre la main de la Marquise qui la refuse*).

LA MARQUISE, *avec sévérité.*

Eh bien, ma nièce, que disiez-vous donc à Jeanneton de si grand matin (*Léonie recule effrayée*), quand je me suis retirée de la fenêtre?

LÉONIE, *tremblante.*

Je disais...

LA MARQUISE.

Que vous vouliez voir Gaston avant tout le monde.

LÉONIE, *étonnée et effrayée.*

Oh!

LA MARQUISE, *sévère.*

Que lui disiez-vous aussi à lui la veille de son départ, quand vous êtes allés tous deux au fond du petit bois là-bas, afin que je ne puisse pas vous voir?

LÉONIE.

O ciel!

LA MARQUISE.

Vous lui disiez d'être fidèle à son serment, d'être à vous seule et vous promettiez de ne jamais aimer que lui.

LÉONIE.

Quoi, vous savez?

LA MARQUISE.

Tout!..

LÉONIE.

Alors, vous savez que nous nous sommes aimés sans le savoir, sans le vouloir! et pourtant je me sens bien coupable en ce moment. Quand je pense à votre bonté, non je n'aurais jamais dû écouter les paroles d'amour de mon cousin, moi, qui suis sans fortune... aussi je lui cachai long-temps que je l'aimais et la douleur que me causa son départ lui découvrit seule... mon amour; ah! oui je l'aime et pour toujours; mais ordonnez! s'il le faut, je renoncerai à lui, je ne le verrai plus, j'en mourrai, mais vous verrez que je ne suis pas ingrate et vous me pardonnerez.

LA MARQUISE, *avec bonté et riant.*

Non, je ne vous pardonnerai pas d'avoir cru que je n'avais plus d'yeux, de cœur et de mémoire, que je ne voyais pas que vous vous aimiez, et que je pensais à autre chose qu'à votre bonheur! (*A madame de Savigny.*) Ils n'ont pas vu cela ces enfants.

LÉONIE, *qui a écouté avec beaucoup d'anxiété et dont la surprise et la joie sont très vives.*

Quoi?

LA MARQUISE, *elle tend la main à Léonie.*

Ah! c'est bien mal.

LÉONIE, *lui baise la main.*

Est-ce possible!

LA MARQUISE.

Est-ce qu'elle va encore en douter?

MADAME DE SAVIGNY.

Que vous êtes bonne!

LÉONIE, *avec une grande explosion de joie.*

Tant de générosité! quelle joie!

LA MARQUISE.

Remettez-vous, Léonie! Il faut du calme pour signer un contrat de mariage, c'est une affaire grave et que nous allons conclure aujourd'hui à l'arrivée de Gaston.

MADAME DE SAVIGNY.

Déjà?

LÉONIE.

Aujourd'hui?

LA MARQUISE.

Puis, le mariage mardi, en grande cérémonie, fête pour tout le village : oh! tout est prêt, même vos parures, Léonie... une vraie surprise... C'est ma vengeance, comment la trouvez-vous?..

LÉONIE.

Heureusement qu'on ne meurt pas de joie!....

LA MARQUISE.

Du bruit!

MADAME DE SAVIGNY

Des cris (*On entend au-dehors crier.*)! M. le comte Gaston de Lusigny.

LA MARQUISE.

C'est lui!

LÉONIE.

Gaston!

SCÈNE VII.

JULES, LE CHEVALIER, LEONIE, LA MAR-QUISE, GASTON, ADRIEN DERBOIS, MA-DAME DE SAVIGNY, JEANNETON ET BER-TRAND, *un peu en arrière.*

BERTRAND.

C'est lui... Monsieur le comte.

LA MARQUISE.

Mon cher enfant!

LÉONIE.

Ah! je tremble de joie!

BERTRAND, *s'essuie les yeux.*

Je pleure de plaisir.

JEANNETON, *l'admirant.*

Qu'il est beau!

JULES, *à part.*

Les émotions de famille.

MADAME DE SAVIGNY, *fait un vif mouvement de surprise à la vue de Gaston.*

Lui !

GASTON, *très troublé.*

Oui c'est moi !.. ma mère... ma cousine... vous tous... qui me recevez avec tant de joie... merci... oui, je vous remercie.

LA MARQUISE.

Et maintenant (*à madame de Savigny*), je vous présente mon cher Gaston, qui vient de passer un an en Italie.

GASTON *la regarde et fait un vif mouvement de surprise qui n'échappe point à la marquise.*

Ah !

(*Ils se saluent.*)

LA MARQUISE, *voyant M. Derbois et le mouvement de Gaston.*

Monsieur Adrien Derbois...

ADRIEN, *qui a examiné avec inquiétude l'émotion de madame de Savigny et de Gaston.*

Qui connaît déjà Monsieur le comte; non pas il est vrai, sous son nom; mais qui l'a vu aux eaux, et a pu juger son courage et son talent.

GASTON *lui prend la main vivement.*

Assez, je vous rends grâce (*Bas.*). J'ai à vous parler.

LA MARQUISE.

Ah! ah! Je sais. (*Elle va vers madame de Savigny, et rit.*) Ah! Il n'est pas mal (*Elle les regarde tous deux, et dit à madame de Savigny en riant*). Vous partez pour Paris, ma chère Emeline?

MADAME DE SAVIGNY.

Dans deux heures.

LÉONIE.

Oh! mon cousin ! si vous saviez !

LA MARQUISE.

Et il va savoir... oui, qu'on le fête, que sa présence soit le signal de la joie..... car elle fera le bonheur de tous. Que les jeux et la danse commencent dans le parc... Léonie, veillez-y. (*A madame de Savigny.*) Vous permettez que je lui parle (*elle désigne Gaston*) quelques instants en particulier, à ce cher enfant... (*Tous font un mouvement pour s'éloigner.*) Ah! chevalier, pardon d'être toute à lui !

LE CHEVALIER.

Vous ne savez pas toute la part que je prends à votre bonheur.

(*La marquise regarde Jules avec curiosité; Gaston le présente.*)

GASTON.

Un ami...

JULES, *passant entre Gaston et la marquise.*

Qui a fait route avec M. le comte depuis Milan, et qui se rend à Paris.

LA MARQUISE.

Soyez le bien-venu ici, Monsieur.... Bertrand, un appartement pour Monsieur.

JULES.

Inutile, je pars ce soir, ma place est retenue... (*Bas à Gaston.*) Il y en a deux!

(*Il s'éloigne sans attendre de réponse. La marquise le regarde. Jeanneton a tourné autour de Jules avec curiosité; celui-ci cherche à l'éviter; puis, voyant qu'il ne peut pas, il lui parle bas dans le fond.*)

LA MARQUISE.

Je vous rejoins dans peu d'instants ; quelques mots seulement à M. le comte de Lusigny, puis je suis à vous.

(*Sortie générale.*)

SCÈNE VIII.

GASTON, LA MARQUISE.

LA MARQUISE.

N'est-ce pas, Gaston, que c'était une belle chose que l'existence d'un seigneur d'autrefois?

GASTON.

Sans doute. Mais à chaque époque, un lot différent (*La marquise fait un mouvement.*) Oui, notre siècle est celui de l'intelligence, et le centre de son pouvoir est à Paris..... là, un homme distingué peut tout avoir... fortune, bonheur, puissance, gloire !

LA MARQUISE, *l'interrompant.*

Ta ta ta ta... il vaut mieux le croire que d'y aller voir ! Ecoute, Gaston, nous n'avons pas de temps à perdre, comme je te l'ai mandé ; nous signons ce soir ton contrat de mariage (*Vif mouvement de Gaston; il veut l'interrompre, elle poursuit sans lui en donner le temps*) avec ta cousine Léonie de Valbon ! Vous vous aimez, vous vous convenez, et vous vivrez en nobles seigneurs. Ce vieux château limousin en vaut bien un autre : il est plus solide que les nouveaux ; vous en hériterez à ma mort. En attendant, nous l'habiterons ensemble. Tu as en ce moment dix mille livres de rentes en terres, et autant après moi. De plus, cent mille francs comptant que j'ai économisés sur tes revenus depuis ton enfance ; ils sont là, le notaire va te les remettre à l'instant.

GASTON, *qui a l'air rêveur, dit d'un air assez maussade.*

Qu'ai-je besoin de tout cela ici?

LA MARQUISE.

C'est plus qu'il ne faut, il est vrai, pour tenir ton rang dans notre province, éloignée de Paris, pour y vivre même avec luxe, et y faire du bien. Vois-tu, Gaston, il n'y a pas un pauvre sur notre terre de Lusigny; Léonie devine les besoins qu'on y cache, et trouve moyen d'y satisfaire. Ici, nous sommes les premiers, nous devons donc être les meilleurs. Tous nous bénissent et se découvrent quand nous passons ; ça vous grandit , ça vous rend joyeux. Tu comprends cela ?

GASTON.

Ma mère... si vous saviez...

LA MARQUISE, *l'interrompt.*

Oh ! je sais qu'il passe de folles idées dans les jeunes têtes ; mais , tu restes seul de notre famille (*Elle s'émeut.*) et il faut qu'elle revive dans de petits héritiers. Si je pouvais les voir avant de fermer les yeux, mon cher Gaston...

GASTON, *touché de son émotion.*

Ah ! vous les verrez longtemps autour de vous, ma mère.

LA MARQUISE (*Vif mouvement de joie.*)

Merci, mon enfant, merci! Quand tu assures ainsi le bonheur des jours qui me restent, je ne veux pas perdre une minute pour assurer le tien. Attends là, je vais revenir.

GASTON *veut l'aider et lui offrir son bras.*

Permettez...

LA MARQUISE, *très gaie.*

Non, ne me suis pas, reste. Ah ! il faut se prêter aux surprises... d'ailleurs, vois comme je marche... la joie... ça rajeunit: tu viens de m'ôter vingt années. (*Riant.*) Et j'en ai encore assez sans cela... Au revoir, Gaston.

(*Elle entre au château.*)

SCÈNE IX.

GASTON, *seul.*

Oh ! tout ce que je voulais dire... tout ce que je préparais depuis si longtemps pour la convaincre, je ne m'en suis plus souvenu... ou plutôt son âge, sa bonté, la crainte de l'affliger..... de détruire toute cette joie que mon retour fait naître ! Oh ! non , je ne pouvais pas, je ne devais pas parler.

SCENE X.

ADRIEN, GASTON.

ADRIEN , *sortant du château.*

Me voici... monsieur..... Qu'avez-vous à me dire?

GASTON.

Rien ! Non, je n'ai plus rien à vous dire, monsieur Derbois, car je reste ici, et, dans une heure, j'épouse ma cousine.

ADRIEN, (*Mouvement de joie*).

Ah !

GASTON, *souriant.*

N'ayez plus d'inquiétudes.

ADRIEN, *troublé.*

Mais... qui vous dit?

GASTON, *souriant.*

Vous voulez me cacher... ce que vous n'osez peut-être avouer ni à madame de Savigny, ni à vous-même.

ADRIEN.

Arrêtez !

GASTON, *de même.*

Vous me faisiez l'honneur d'être jaloux de moi.

ADRIEN , *très troublé.*

Je n'eus jamais ni projets, ni espérances.

GASTON.

Ni moi non plus ! Un hasard me fit rencontrer madame de Savigny : sa beauté, sa grâce, me frappèrent. C'était à mes yeux l'image de ce monde parisien, brillant, agité, plein de poésie et de passion qui faisait l'objet de mes rêves, voilà tout... Maintenant, ces idées, je les chasserai ; ces élans vers un monde inconnu, je les retiendrai. C'est ici, dans ce château , que je vais vivre près de ma vieille mère, près de ma jeune femme.

(*Ici on voit Léonie qui a l'air de chercher quelqu'un. Elle fait un mouvement de joie quand elle ne voit d'abord que Gaston, et fait un pas pour aller à lui ; elle entend alors Adrien, et s'arrête. Elle écoute.*)

ADRIEN.

Elle m'a paru charmante.

GASTON.

Oui , Léonie est jeune, jolie, bonne, et j'en suis aimé ! Je l'aime.... aussi.... dès l'enfance... mais...

ADRIEN, *étonné.*

Le mais... est... singulier.

(*Mouvement de Léonie, très inquiète.*)

GASTON.

Oh! tenez, mon cœur est si plein , si agité!..... Je ne sais ce que j'éprouve.... je souffre.... je ne puis respirer.

LÉONIE, *dans le fond.*

Qu'a-t-il?

ADRIEN, *étonné.*

Cette émotion ?... Ah! parlez, monsieur ; et si quelque chagrin vous rendait l'amitié nécessaire. (*Il lui tend la main.*) C'est la main et le secours d'un ami que je vous offre.

GASTON, *lui prend la main avec affection et parle très animé.*

Ah ! mon âme comprimée s'échappe... dans ces mots qui vous étonnent! c'est que ni vous ni personne, n'a pu savoir comment s'écoulait ma jeunesse ici dans ces montagnes, où seul ! agité ! rêveur ! passionné ! j'avais porté toutes mes pensées... sur le projet de quitter ces lieux pour aller prendre un jour ma place parmi les hommes éminents qui se distinguent à Paris : ah ! ce ne fut point un vain et stérile désir ! toute l'ardeur des premières années, les illusions, les besoins du cœur, de l'imagination et des sens, tout, s'est concentré pour moi dans l'étude et le travail afin de me rendre digne de la destinée que

je rêvais ; une année passée en Italie.. vient
d'ajouter encore à ces beaux rêves, et maintenant
il faut que je les arrache de ma pensée, que je
détruise toutes mes espérances adorées.. (*avec
passion.*) C'est tuer une part de mon âme!... c'est
anéantir plus de la moitié de ma vie !

LÉONIE, *dans le fond, avec un geste de douleur.*

Dieu!

ADRIEN.

Calmez-vous.

GASTON, *avec découragement.*

Ce qui me restera végétera ici... avec l'ennui,
ce manteau de plomb que rien ne peut soulever,
et qu'on traîne jusqu'au tombeau, où heureusement il vous pousse avant le temps. Mais, me
comprenez-vous? calme, occupé, heureux...

ADRIEN, *souriant et l'interrompant.*

Heureux.... moi?... Je suis d'une famille nom-
breuse et pauvre, j'entrai jeune et par nécessité
dans une carrière difficile, et pour y avancer j'accepte les missions les moins enviées et les plus
lointaines. Deux fois j'ai couru les mers de l'Inde;
j'ai séjourné dans des pays où le soleil est brûlant,
et dans les climats les plus glacés, seul, loin de
tout ce que j'aimais, et mon espoir est d'arriver
un jour, après de grands efforts et de longs sacri-
fices, à une vie tranquille dont je ferai partager
l'aisance à des parents de qui je vis, à regret, sé-
parés. Voilà mon bonheur ; et jamais, dans mes
rêves les plus ambitieux , je n'osai demander au
ciel autant de biens que vous en voulez impru-
demment quitter !

GASTON, *avec un peu de dédain.*

Ah! vous ne pouvez pas me comprendre !.. ni
vous, ni personne ! et je dois à jamais renfermer
dans mon cœur des tourments dont on peut mourir, je l'espère.

LÉONIE.

Hélas !

(*Tout le monde sort du château, hormis Jules,
qui vient du fond avec Jeanneton.*)

LÉONIE *s'approche vivement de Gaston.*

Gaston !

~~~~~~

SCÈNE XI.

LE CHEVALIER , MADAME DE SAVIGNY ,
ADRIEN, LA MARQUISE, LÉONIE, GASTON,
JULES, BERTRAND ET JEANNETON, *à l'écart.*

LA MARQUISE, *gaie à Léonie.*

Ensemble ! c'est juste... Pourtant il fallait attendre la signature du contrat. Et je sais bien qui
ne se fera pas prier pour y mettre la sienne...

LÉONIE, *faisant effort*

Vous vous trompez.. Je ne peux pas...,. je ne
veux pas signer mon contrat de mariage avec
M. le comte Gaston de Lusigny...

(*Grand mouvement de tous.*)

LA MARQUISE, *stupéfaite.*

Comment?

MADAME DE SAVIGNY, *regardant Gaston.*

Qu'y-a-t-il?

GASTON, *étonné.*

Léonie refuse ?

JULES.

Quel bonheur !

BERTRAND. 　　　TOUS. 　　　JEANNETON.
Ah !ciel ! 　Est-ce possible ! 　Refuser!..

LA MARQUISE, *suffoquée.*

Mais ce matin? mais il y a un an?

LÉONIE.

Les idées changent en une année!... même en
un jour. (*Elle soupire.*) Et rien au monde ne me
déciderait maintenant à épouser mon cousin.

LA MARQUISE.

Elle est folle !... Gaston, mon cher enfant !

GASTON, *vivement.*

Et maintenant, moi, ma mère, moi, je vais partir.

LA MARQUISE, *comme un cri.*

Partir !

(*Mouvement de tous.*)

GASTON.

Je restais (*à la marquise*) pour vous obéir.....
pour tenir ma promesse, pour des projets qui
sont brisés!... Je restais malgré des vœux secrets
que je comprimais avec douleur ! malgré l'ardeur
impétueuse qui me poussait vers un autre séjour,
vers ce Paris... ce monde merveilleux où toutes
les facultés que je sens en moi peuvent se déve-
lopper... où l'on peut être poète , orateur, écri-
vain ! et où la vie noblement employée est si belle
et si glorieuse !.. et maintenant je pars.(*A Jules*).
Nous continuons notre voyage , et dans une
heure nous serons en route pour Paris.

(*Mouvement de tous.*)

MADAME DE SAVIGNY, *à part.*

Il vient à Paris !

LA MARQUISE, *avec indignation.*

Paris !

LE CHEVALIER, *allant près d'elle.*

Ciel ! vous tremblez, vous trouvez-vous mal ,
chère marquise?

LA MARQUISE, *suffoquant.*

Dieu me pardonne! ne veut-il pas se faire poète
ou avocat, un comte de Lusigny ! il est fou !

JEANNETON, *s'avançant gauchement.*

Madame la marquise (*La marquise la regarde.*)
je ne voudrais pas quitter le village sans vous remercier de votre bonté pour moi... j'en suis ben
reconnaissante.

LA MARQUISE, *encore effarée , et ne comprenant
pas.*

Quoi!

JEANNETON.

C'est que je quittons... le château... les bêtes...
et tout, pour aller à Paris.
~~~~~~

LA MARQUISE, *toute stupéfaite.*

A Paris! Jeanneton !.. mais... ce n'est pas possible !

JEANNETON.

Ça me fait un effet tout de même!... Mais Paris, ça l'emporte.

BERTRAND *s'avance près de la marquise , après avoir repoussé Jeanneton qui sort.)*

Madame la marquise ne voudra sûrement pas que monsieur le comte, son petit-fils , parte sans valet-de-chambre   et tout seul, comme un clerc de procureur... je vais donc faire mes préparatifs pour le suivre à Paris.

LA MARQUISE , *suffoquée , a l'air de ne plus pouvoir parler; elle fait signe à Bertrand qu'il peut partir s'il veut , puis elle répète machinalement.)*

Paris !

BERTRAND, *à part, en s'en allant.*

Je ne serai pas fâché de revoir la capitale.

(Il sort.)

MADAME DE SAVIGNY, *s'approchant de la marquise.*

Chère marquise... les chevaux de poste sont là; c'est à regret que je vais vous quitter. *(Elle lui prend la main.*

LA MARQUISE (*Elle soupire et regarde Gaston qui cause bas avec Jules.)*

Ma chère enfant, puisque je ne puis t'empêcher de partir, rendez-moi un service... emmenez-le dans votre voiture... il ne faut pas qu'on voie le comte de Lusigny arriver en diligence, pour l'honneur de la famille.

MADAME DE SAVIGNY, *qui a hésité.*

Vous l'exigez !

LA MARQUISE.

Je vous en prie... vous avez quatre places !

MADAME DE SAVIGNY.

Et nous ne serons que trois...

LE CHEVALIER, *à part.*

Si je pouvais avoir la quatrième...

MADAME DE SAVIGNY.

C'est convenu. Je reviens, chère marquise. *(Elle rentre au château avec Adrien et Léonie.)*

GASTON.

Et moi aussi, dans peu d'instants, ma mère.

(Il va avec Jules d'un autre côté.)

SCÈNE XII.

LE CHEVALIER, LA MARQUISE.

LA MARQUISE, *à part, regardant le chevalier.*

Au moins celui-là ne me quittera pas, j'en suis sûre.

LE CHEVALIER, *à part, regardant la marquise.*

Cette fois , elle ne m'empêchera pas de partir, c'est certain.

LA MARQUISE, *s'approchant avec coquetterie.*

Que ces jeunes gens sont fous !

LE CHEVALIER, *s'approchant avec fatuité.*

Il y aura eu quelque dispute entre eux.

LA MARQUISE, *riant.*

Oh! le ciel de l'amour est toujours plein d'orages.

LE CHEVALIER, *riant.*

On rit de cela quand on est paisible.

LA MARQUISE.

Nous l'avons toujours été, nous.

LE CHEVALIER, *riant malcieusement.*

Vous n'étiez pas mal coquette !

LA MARQUISE, *riant de même.*

Et vous fort inconstant.

LE CHEVALIER.

Pourtant, jamais de dispute depuis trente ans que nous sommes liés.

LA MARQUISE.

C'est vrai , jamais un mot plus vif qui sentît l'impatience ou l'humeur.

LE CHEVALIER.

Et l'on voit des gens... qui s'emportent... qui ont des scènes terribles.... des reproches.... des mots cruels.

LA MARQUISE.

Oh! ce sont des gens grossiers , ou qui ont de grandes passions.

LE CHEVALIER *lui prend la main avec gentillesse.*

Et ces choses-là n'étaient pas de mode de notre temps.

LA MARQUISE.

On s'aimait... sans emportements.

LE CHEVALIER.

Sans jalousie !

LA MARQUISE.

Sans exigence !

LE CHEVALIER.

Et c'est la bonne manière.

LA MARQUISE.

On ne s'aimait pas avec passion.

LE CHEVALIER.

On ne s'aimait pas avec trouble... avec folie... avec désespoir.

LA MARQUISE.

On ne s'aimait pas avec *(Elle change de ton.)* Tenez... je crois qu'on ne s'aimait pas du tout... *(Elle rit.)*

LE CHEVALIER, *riant.*

Ma foi! c'est bien possible. *(Ils rient tous deux.)* Alors... on ne s'avise pas de se gêner mutuellement , chacun fait ce qui lui plaît sans craindre de fâcher l'autre , et on peut se dire tranquillement et sans hésiter... ma chère marquise , un caprice me prend... et moi aussi , je vais partir aujourd'hui pour Paris *(Il dit cela gentiment en lui baisant la main.)*

LA MARQUISE , *effarée.*

Eh quoi! vous aussi, chevalier. Vous? *(Souriant.)* C'est une plaisanterie !

LE CHEVALIER.

Je vous y rendrai un vrai service : Gaston n'a

nulle expérience du monde, je le surveillerai, je le conseillerai, et il ne fera de sottises que celles qui sont permises à un homme de bonne compagnie.

LA MARQUISE, *de même.*

Vous partez ?

LE CHEVALIER, *très vif, l'interrompant.*

Je n'ai pas une minute, il faut que madame de Savigny me donne sa quatrième place, et que je sois prêt. Au revoir. A tout-à-l'heure nos adieux, ma chère marquise !

(Il sort sans qu'elle ait le temps de placer un mot, et rentre au château en fredonnant.)

SCÈNE XIII.

LA MARQUISE *seule d'abord ; puis, peu après, Léonie, et successivement tout le monde arrivant dans l'ordre où ils seront indiqués.*

LA MARQUISE, *avec une colère drôle.*

Oh ! le vieux fou ! (*Puis avec tristesse, après avoir soupiré.*) Et moi, ô mon Dieu ! me voilà seule... seule pour toujours.

LÉONIE, *accourant près d'elle en pleurant.*

Oh ! non, me voici... je ne vous quitterai pas... je ne vous quitterai jamais !

LA MARQUISE *la repousse, et s'éloigne d'elle.*

Vous !... la cause de tous mes chagrins !... Ah ! Léonie, vous avez cessé de l'aimer !

LÉONIE.

Non ! mais j'avais entendu Gaston, et ses confidences à un ami...

LA MARQUISE.

Quoi ?

LÉONIE.

Et je n'ai pas voulu d'un bonheur acheté au prix du sien.

GASTON, *arrivant du fond avec Jules.*

Pardonnez... je ne serai jamais bien longtemps sans venir vous voir... ce n'est point un adieu.

LA MARQUISE.

Plaise au ciel !

MADAME DE SAVIGNY.

Elle sort du château suivie du chevalier qui porte son ombrelle et sa pelisse de satin blanc ; Adrien vient après elle, se trouve près de Gaston parce que Léonie s'est reculée ; Gaston regarde sa cousine tout émue.)

Votre main, Monsieur de Lusigny ! le chevalier nous accompagne.

JULES.

Lui ?

GASTON.

Lui !

BERTRAND, *arrivant.*

Lui !

MADAME DE SAVIGNY.

M. Derbois, tout est-il prêt ?

ADRIEN.

Oui, madame.

GASTON.

Bertrand !

BERTRAND, *portant des valises et des sacs de nuit.*

En courrier, à cheval, devant la voiture.

JULES, *à Jeanneton, qui a un petit paquet au bout d'un bâton.*

Vous, en diligence... à la place du comte.

JEANNETON.

Nous le retrouverons à Paris.

(La marquise a attiré près d'elle Léonie, elle la tient avec effusion ; elle sont sur un côté du théâtre ; Léonie regarde toujours Gaston.)

LE CHEVALIER.

(Il baise la main de la marquise qui lui fait un air gracieux et se détourne pour faire une grimace ; le chevalier va dans le fond.)

Adieu, chère marquise.

(Gaston a été obligé de donner la main à madame de Savigny, mais il regarde encore Léonie.)

MADAME DE SAVIGNY.

Partons ! (*Elle entraîne Gaston.*)

JULES.

(Tous les autres marchent vers le fond, Il n'y a plus que Léonie et la marquise sur le devant ; lui vient les saluer et il dit en montrant le chevalier puis les autres et avec gaieté :

En voilà une cargaison de province... (*Désignant le chevalier.*) Les vieilles prétentions de la fatuité. (*Désignant Gaston.*) Les jeunes espérances de gloire ! (*Désignant Jeanneton.*) L'attrait joyeux du plaisir. (*Il se désigne lui-même.*) Et l'envie de faire fortune. Nous verrons ce que cela deviendra sur le sol parisien.

(*Il s'éloigne.*)

LA MARQUISE, *serrant dans ses bras Léonie qui pleure.*

Pauvre enfant !

LÉONIE, *levant les yeux au ciel.*

Du moins il sera heureux !

FIN DU PREMIER ACTE.

****

ACTE DEUXIÈME.

Le théâtre représente un riche salon à pans coupés ; porte au fond ; porte à chacun des pans coupés à droite et à gauche de celle du fond ; porte latérale sur le côté à droite de l'acteur ; vis-à-vis une cheminée ; près de la cheminée une table et ce qu'il faut pour écrire, vis-à-vis une autre table ; guéridon au fond sur lequel est un cabaret, un porte-liqueurs.

SCÈNE PREMIÈRE.

MADAME DE SAVIGNY, M. DE SAVIGNY.

(Madame de Savigny entre par la porte latérale de droite, en tenant une lettre à la main, et en regardant avec défiance autour d'elle ; M. de Savigny entre quelques instants après.)

MADAME DE SAVIGNY, *souriant.*

C'est chez lui... car ce salon fait partie de l'appartement qu'il occupe depuis un an dans l'hôtel... lui, le comte de Lusigny... *(Avec tendresse)*. Gaston!... Sa présence a tout changé pour moi ; cette âme tendre, poétique,. passionnée, a ranimé la mienne... notre innocente affection suffit à mon bonheur!... mais quelle imprudence hier?.... Comment s'est-il trouvé chez cette amie, pauvre, malheureuse, que je visitais en secret?... *(Elle indique la lettre qu'elle tient)*. J'ai pris un prétexte pour tâcher de lui parler, de lui ordonner..... *(souriant)* non, de le supplier de laisser notre tendresse aussi pure qu'elle est douce et charmante.... *(M. de Savigny entre par la porte du pan coupé à droite)*. Ah, M. de Savigny !...

SAVIGNY, *d'un ton aimable.*

Vous ici, pendant que nous déjeunons là-bas!..

MADAME DE SAVIGNY, *souriant.*

Je le sais... un déjeuner de garçons à qui je cède la place en sortant. Je venais remettre au vieux Bertrand ces papiers pour la marquise de Ferrière.

SAVIGNY, *très gracieux.*

Je vous croyais déjà sortie : N'est-ce pas ce matin, à midi, que vous prêtez le secours de votre grâce et de votre élégance aux pauvres du faubourg Saint-Honoré ?

MADAME DE SAVIGNY, *regardant à une petite montre.*

J'ai encore un quart-d'heure.

SAVIGNY.

Tant mieux, j'en profiterai ! *(Il lui approche un siége)*.

MADAME DE SAVIGNY.

Mais ce déjeuner donné pour vos adieux à quelques amis?

SAVIGNY.

Le comte de Lusigny me remplace, et il faut que je vousvoie, que je vous parle, ma chère amie. *(Il lui fait signe de s'asseoir et s'assied lui-même près de la table à droite de l'acteur)*.

MADAME DE SAVIGNY.

(Elle le regarde avec une surprise marquée).

Comment?

SAVIGNY.

Ne vais-je point partir, ce soir, pour une ambassade, où vous ne m'accompagnez pas?

MADAME DE SAVIGNY, *très froide.*

Ce n'est qu'une mission de peu de durée.... et d'ailleurs que de fois n'êtes-vous point parti ainsi sans avoir seulement la pensée que je pouvais vous suivre ?

SAVIGNY, *d'un ton très affectueux pendant que sa femme reste très froide.*

C'est vrai !... Bien des fois je me suis reproché de vous laisser seule, de sacrifier votre bonheur... à mon devoir.

MADAME DE SAVIGNY

On se fait à tout... même au chagrin.

SAVIGNY.

Vous ne m'avez jamais adressé un reproche.

MADAME DE SAVIGNY, *comme rêveuse, mais toujours calme et froide.*

Pourtant ce fut un jour cruel que celui où je m'aperçus que vous ne viviez que pour l'éclat d'une vie ambitieuse et le bruit des plaisirs à la mode ; lorsque je vis que l'intimité du cœur, les joies de la retraite avec une femme aimée, ne pouvaient vous convenir, et qu'il me faudrait vivre seule... de cœur et de pensée.

SAVIGNY.

Oh !...

MADAME DE SAVIGNY, *de même.*

Oui... ce fut un jour malheureux car je vis se détruire alors tous mes rêves de jeune fille, et avec eux tout espoir d'une vie heureuse... mais je vous l'ai dit, à présent, je suis faite à mon sort, et je ne me plains pas.

SAVIGNY, *avec tendresse, et s'animant très vivement à la fin.*

Emeline, cette froide résignation est plus cruelle que des plaintes... et ce n'est pas, je le répète, la première fois que je me reproche de ne vous avoir pas rendue heureuse. *(Il s'approche et lui prend la main)*. Je veux réparer mes torts.. eh bien! venez avec moi... un beau voyage, une position brillante... mon affection... oui, tout entière... J'ai atteint le but de mes vœux, j'occupe un poste éminent... *(Il la regarde avec admiration)*. Vous êtes jeune, belle, spirituelle, et tous... envieront mon bonheur... moi j'ai quarante-cinq ans, ce n'est plus la jeunesse, mais ce n'est pas la vieillesse encore... il nous reste de longs jours, qu'ils soient aussi doux que brillants. Je reviens à vous avec toute ma tendresse... oui, je vous aime, Emeline... et si vous...

(Il devient très tendre dans l'inflexion de sa voix et de ses manières).

MADAME DE SAVIGNY, *recule un peu par un mouvement, et dit très froidement en le regardant d'un air imposant.*

M. de Savigny, vous êtes noble et généreux, et je vous remercie de votre bonté, mais... le passé... est irréparable... longtemps j'ai regretté votre tendresse, alors le retour que vous m'offrez m'eût rendue la plus heureuse des femmes... mais neuf années (*souriant*), oui, nous avons neuf années de mariage, et l'amour que j'avais pour vous a fait place à une estime qui suffit à la façon dont nous sommes ensemble ; mais pour cette intimité à laquelle vous voudriez revenir, il faut plus : la nôtre serait sans charme et sans joie, maintenant je ne peux plus noblement répondre à votre amour.

SAVIGNY, *se lève vivement.*

Madame !

MADAME DE SAVIGNY, *se lève.*

Il est temps que je me rende où je suis attendue.

SCÈNE II.

MADAME DE SAVIGNY, M. DE SAVIGNY, ADRIEN.

(Adrien entre, des papiers à la main, par la porte du pas coupé à gauche). SAVIGNY, reste très rêveur.)

ADRIEN. *Il salue madame de Savigny, et s'approche de Savigny.*

Monsieur veut-il jeter les yeux sur ce travail et le signer ? (*A part*). Il ne m'entend pas.

MADAME DE SAVIGNY, *à Savigny.*

C'est M. Adrien qui vous apporte des papiers.

SAVIGNY, *revenant à lui.*

Ah ! oui ! c'est la nomination à cette place que le ministre a laissée à mon choix, et que le comte de Lusigny désire.

ADRIEN, *soupirant.*

Bien d'autres l'eussent souhaitée aussi.

SAVIGNY, *souriant.*

Vous, d'abord !

ADRIEN.

Elle m'eût permis de rester ici. (*Il regarde madame de Savigny, et se reprend.*) dans ma famille, près de ma mère.

SAVIGNY.

Mais Gaston ne pouvait vous remplacer près de moi... il me faut un homme spécial... grand travailleur, rangé... comme vous ; et M. de Lusigny est brillant, dissipé, poète, et à la mode.

ADRIEN, *ironiquement.*

Sans doute... il doit obtenir... (*M. de Savigny le regarde impérieusement ; il se reprend :*) Oh ! je ne suis pas injuste, et même, il aurait eu toute mon amitié.

MADAME DE SAVIGNY, *gracieuse.*

Il faut la lui donner, malgré ce que vous pouvez lui envier.

(Elle s'arrête à un regard d'Adrien.)

ADRIEN,

Oui, il est heureux en tout.

(Elle se détourne.)

SAVIGNY.

Je devais le protéger ; sa grand'mère, la marquise de Ferrière, est ma parente, et notre famille lui avait eu jadis de grandes obligations ; aussi j'ai voulu que son petit-fils regardât ma maison comme la sienne. (*Madame de Savigny a l'air de chercher quelque chose ; Savigny dit avec un peu de dédain*) : Vous sentez, la situation est différente.

ADRIEN.

Je n'ai rien à dire, et mon zèle ne se ralentira pas.

SAVIGNY, *ayant l'air de vouloir couper court à ses paroles, regarde et dit :*

Mais que faites-vous donc, madame ? que cherchez-vous ?

MADAME DE SAVIGNY.

Une petite bourse qui me sert habituellement, et que je ne puis trouver.

ADRIEN, *s'empressant.*

Si vous permettez... mes recherches !

MADAME DE SAVIGNY.

Cela n'en vaut pas la peine... Elle est toute simple, bleue foncée, avec des glands pareils.... un rien, et elle ne renfermait que de petites pièces de monnaie. Je suis sortie hier matin, je l'aurai perdue. (*Elle regarde sa montre.*) Mais je suis en retard ; je vous quitte donc , vous savez que je ne rentrerai pas de la journée. Seulement ce soir, au moment du départ, je reviendrai pour vous dire adieu , ici, dans ce salon, car c'est là que vous serez toute la journée, n'est-ce pas ?

(Elle sort par le fond, conduite par son mari. Gaston entre par la porte du pan coupé à droite.)

SCÈNE III.

ADRIEN, GASTON, SAVIGNY.

SAVIGNY.

Ah ! vous voilà, monsieur de Lusigny ; ces messieurs sont encore à table, je pense ?

GASTON, *très joyeux et exalté.*

Oui, je quitte un instant vos convives, qui, du reste, vont venir ici prendre le café. J'ai voulu les précéder ; j'ai de nouvelles graces à vous rendre. Ce poste que j'enviais... Ah ! merci ! Mais ne me croyez pas cette vaine ambition qui veut entasser places, honneurs, dignités, pour satisfaire un orgueil puéril ; non, je suis plus digne que cela de votre protection.

SAVIGNY.

Oh ! je le sais, votre cœur est fier, votre esprit élevé, vous désirez une noble gloire.

ADRIEN.

Et vous forcez vos rivaux à vous admirer, Gaston.

GASTON, *très exalté.*

Oh! que l'on peut être heureux ici! qu'il est beau de jeter aux échos de la grande ville un nom de plus qui est répété avec admiration depuis ses palais dorés jusqu'à ses plus simples demeures !... Quel bonheur d'y porter par ses écrits des idées nouvelles qui étonnent et éclairent des hommes qui vous bénissent et vous respectent !

ADRIEN, *avec amertume.*

Vous ne savez donc pas ce que c'est qu'une société ombrageuse, cruelle et envieuse , où les intérêts, les ambitions et les vanités s'irritent et s'acharnent contre toutes les supériorités, même celle de la gloire et de la vertu ? (*Il sourit.*) Et cependant, ne vous découragez pas! Non! poursuivez votre brillante carrière, comme moi mon modeste chemin! car c'est du nombre des grands esprits et des cœurs honnêtes que dépend l'avenir du monde.

GASTON, *lui prenant la main.*

Vous êtes de ceux qu'on estime le plus, Adrien, et vos actions donnent un démenti à vos jugements sévères contre les hommes. (*A M. de Savigny.*) Ne faudrait-il pas aussi, Monsieur, faire quelque chose pour lui prouver que le talent et l'honnêteté modeste ont des droits pour réussir ? (*Adrien lui fait un geste de reconnaissance, mais qui semble dire qu'il n'y a rien à faire.*)

SAVIGNY, *assez froid.*

Sans doute, j'apprécie plus que personne le caractère et l'intelligence d'Adrien , il a toute ma confiance, et je ne puis me passer de lui. L'avenir honorable de sa carrière est certainement assuré.) *Adrien fait à Gaston un geste qui semble dire : Vous voyez bien?*) Mais plus tard ! Ah! ces messieurs viennent nous retrouver ici.

SCÈNE IV.

DURANTY, RAYMOND, LE VICOMTE, LE CHEVALIER, ADRIEN, GASTON, JULES , M. DE SAVIGNY.

(*Les nouveaux venus entrent par la porte du pan coupé de droite, en parlant haut tous à la fois.*)

GASTON.

Venez, Messieurs, nous prendrons le café dans ce salon.

SAVIGNY.

Madame de Savigny a livré l'hôtel aux folies des jeunes gens, elle est sortie pour la journée.

TOUS.

Bien, bien.

(*Ils saluent M. de Savigny, qui le leur rend; puis, pendant ce qui suit, des domestiques entrent, et versent le café dans les tasses sur le guéridon.*)

JULES, *gaiement.*

(*Il s'approche de M. de Savigny, qui est rêveur. On doit voir pendant toute la première partie de la scène, qu'il fait effort pour vaincre préoccupation.*)

Si la montagne ne vient à nous, nous allons à la montagne.

(*Jules reste près de Savigny.*)

LE CHEVALIER, *tirant Gaston à part.*

Dites-moi donc quel est ce M. Jules de Pressy, qui va toujours à la puissance?

GASTON, *souriant.*

La puissance vient bien à lui quelquefois : il a créé des journaux.

LE CHEVALIER.

Un gentilhomme créer quelque chose, ça ne se faisait pas autrefois.

GASTON, *riant.*

Celui-là a créé des sociétés en commandite, des actions dans plus de vingt affaires, il a créé jusqu'à son nom; ça se fait aujourd'hui... Allons, messieurs, et tâchons de nous égayer!

LE CHEVALIER.

Entre jeunes gens, on peut se permettre la petite plaisanterie, mais sans oublier où nous sommes. (*Il caresse son jabot.*) Ce n'est pas (*Il baisse la voix.*) comme quand nous soupons chez Jenny.

TOUS, *riant et répétant.*

Chez Jenny.

LE CHEVALIER, *faisant le fat.*

La petite a le propos joyeux et prompt comme sous l'ancien régime.

JULES, *qui est resté près de Savigny à l'examiner, qui est très obséquieux avec lui , à mi-voix.*

Vous paraissez souffrant, monsieur ?

SAVIGNY, *assis près de la table, contre la cheminée à gauche..*

Moi, non.

JULES, *à mi-voix.*

Etes-vous content de moi?... mon journal vous est tout dévoué.

SAVIGNY.

Sans doute.

JULES.

C'est qu'avant votre départ j'aurai quelque chose à vous demander.

GASTON.

(*Pendant ce temps, il est remonté au fond avec les autres, près du guéridon, et l'on commence à prendre le café.*)

Eh bien ! Jules.

JULES, *haut.*

Me voici (*Il tire un papier qu'il remet à Savigny à mi-voix.*) Je vous supplie , lisez attentivement.

SAVIGNY.

(*A pris le papier ouvert, il jette les yeux dessus et dit.*) Ah! cette place elle est promise à Gaston.

GASTON, *en riant.*

Est-ce que tu voudrais par hasard entrer dans la diplomatie?

JULES, *un peu choqué.*

Pourquoi pas? tu y es bien (*En disant cela il s'approche de la table, y prend une tasse où il met du sucre à plusieurs reprises tout en disant ce qui suit.*) Oh ! je sais que tu vas me dire que tu es distingué de naissance, de manière et de cœur. (*Il met du sucre avec ses doigts.*) mais tant pis pour toi, ce n'est plus de mode... vois-tu (*Il se verse de la liqueur d'un flacon.*) de nos jours, lois, usages et manières tout nous vient d'en bas, et quand on est trop brillant... trop noble... çà ne fait pas plaisir aux autres... (*Il avale un verre de liqueur.*)

GASTON, *riant.*

Tu crois.

JULES, *riant.*

Quand tu sors en beau pantalon blanc dans la rue est-ce que les portiers ne se font pas une maligne joie en balayant de te couvrir de boue des pieds à la tête ? (*Il rit.*) par ordonnance de police à ce qu'ils disent! il en est de même en tout; soyez brillant, c'est à qui travaillera à vous salir... Tu n'as pas l'expérience d'un certain monde... celui qui agit (*Il se verse encore de la liqueur puis s'adressant aux autres.*) Ainsi il fait des livres de notre temps et il y met de l'esprit, c'est bête ça.

GASTON, *riant.*

Ah ! tu ne fais pas de pareilles bêtises, toi !

JULES, *riant.*

Moi, je garde mon esprit pour être habile : avec cela je suis peut-être un peu commun ? Voilà les bonnes conditions de ce monde et je puis très bien le représenter au dehors.

GASTON, *riant.*

Toi.

JULES, *avalant un verre de liqueur.*

Je ne sais, il est vrai aucune langue étrangère. Bah, il y a plus d'un diplomate qui ne sait pas même la sienne !... Qu'importe ? des fautes de français à l'étranger çà ne fait pas mal : ils prennent cela pour les finesses de la langue.

(*Tous rient, excepté Gaston.*)

Et quand j'aurai quelques rubans à ma boutonnière et quelque plaque sur ma poitrine je ferai figure tout comme un autre, car j'ai autant d'esprit et plus de savoir-faire que qui que ce soit.

(*Tous reviennent sur le devant de la scène, excepté Savigny qui reste assis et parcourt un journal après avoir pris le café qu'un domestique lui a apporté: Ils sont ainsi placés : Adrien, le vicomte, Raymond, Duranty, le chevalier, Gaston, Jules.*)

GASTON, *très sérieux.*

Ah, tu me fais mal, Jules ! plus encore qu'Adrien quand sa raison cruelle vient refroidir mon enthousiasme !... mais non, non ! Je ne veux vous croire ni l'un, ni l'autre.... J'offre en ce moment au public des ouvrages importants dont j'espère honneur et gloire.

ADRIEN.

Oh, vous les voir obtenir est ma plus douce espérance.

JULES.

Et ce sera grâce à moi, qui fais vos succès à tous !...Ainsi, voilà Duranty que j'ai surnommé le premier de nos peintres, le Raphaël de l'époque.

DURANTY.

Ce qui fait qu'on me refuse tous mes tableaux !.. Tenez, encore celui dont j'ai puisé le sujet dans votre ouvrage, et.....

GASTON, *vivement.*

Et qui est admirable !

DURANTY.

Certainement !..... mais personnes l'achetera !.. Aussi, je n'ai plus qu'une ressource, c'est de faire des caricatures contre tout le monde.

RAYMOND.

Et moi, malgré les éloges de Jules, la protection de Gaston et le grand prix d'architecture obtenu pour ma composition d'un palais, on ne me confie pas la construction d'une bicoque, et je crois que je ferai tout aussi bien de retourner au village planter des choux.

LE VICOMTE, *riant.*

Drôles de monuments! Mais cela vaut encore mieux que ce qui m'arrive à moi !.. D'abord, je me suis ruiné en jouant au lansquenet avec M. Jules de Pressy qui m'étourdissait par ses éloges sur quelques écrits dont je lui faisais confidence... Mais il paraît que mon esprit est parti avec mon argent; car, le jour où je n'ai plus eu le sou, il a trouvé que mes vers, même ceux qui vous sont adressés, ne valaient rien.

JULES, *riant.*

Le fait est qu'ils ne valaient rien... pour moi, pour mon journal.

LE VICOMTE, *riant.*

Il ne me reste donc plus qu'un moyen de vivre, c'est d'aller à l'armée et de m'y faire tuer.

ADRIEN, *triste.*

Eh bien ! Gaston, vous le voyez, il n'y a pas place au soleil pour tous.

GASTON, *avec exaltation et allant à chacun d'eux.*

Nous en trouverons! Duranty, j'achète votre tableau ; Raymond, nous reconstruirons mon vieux château sur vos plans, et cela fera votre réputation ! Vicomte, je ferai imprimer vos poésies, et ma bourse est à votre service.

LE VICOMTE.

Un cœur de prince !

RAYMOND.

Quel protecteur éclairé !

DURANTY.

Quel goût!

GASTON, *très affectueux, leur serrant les mains.*

Merci, mes amis, merci!

LE VICOMTE.

Buvons à sa santé!

RAYMOND.

A la gloire!

DURANTY.

Au succès!

JULES.

A la fortune!

LE CHEVALIER.

Aux femmes et à nos amours? Qu'en dit notre diplomate?

(*Il s'approche de Savigny qui se lève et se rapproche du guéridon où tous vont boire un verre de liqueur.*)

SAVIGNY.

Qu'après avoir visité toutes les cours de l'Europe, je répète vivent nos compatriotes! ce sont les plus aimables.

JULES.

Les plus coquettes!

GASTON.

Les plus spirituelles!

LE VICOMTE.

Les plus inconstantes!

DURANTY.

Les plus capricieuses!

RAYMOND.

Les plus adorables! (*Tout le monde est revenu sur le devant.*)

LE CHEVALIER, *avec fatuité.*

Et les plus adorées des femmes que les femmes françaises (*Il fait le beau.*) elles peuvent s'en vanter d'être adorées... (1).

JULES, *lui frappant sur l'épaule d'un air joyeux et commun.*

Voilà le plus malin de la société avec les femmes... le chevalier de Saint-Alix. Il tutoie les trois quarts des rats de l'Opéra...

LE CHEVALIER.

Chut! chut!

JULES.

Il donne des bouquets à la moitié du corps des ballets...

LE CHEVALIER, *riant avec fatuité.*

Il est vrai que j'étais un peu trompeur mais je suis fixé... oui, je suis fixé (*Les autres rient.*) à Jenny, cette petite espiègle chez qui je vous ai menés souper hier... elle est ravissante et damerait le pion à toutes vos élégantes en renom, si je voulais me donner la peine de la lancer.

JULES.

D'autres s'en chargeront... et je soupçonne...

(1) Adrien, le vicomte, Duranty, Raymond, le Chevalier, Jules, Gaston, M. de Savigny.

LE VICOMTE, *riant.*

Qu'elle a un faible pour Gaston...

JULES.

Et qui date de loin...

GASTON.

Allons donc!

JULES.

Toi? tu fais le discret.

LE CHEVALIER, *ironique.*

Monsieur le comte de Lusigny est trop occupé vraiment, et puisque nous sommes entre jeunes gens et que nous parlons de femmes, je vais vous conter une petite aventure... dont le héros ne vous est pas inconnu.

TOUS.

Voyons!
Écoutons!

LE CHEVALIER.

Mon séjour à la campagne chez cette bonne marquise de Ferrière, m'a laissé des habitudes matinales qui me conduisent aux Champs-Élysées... et me menèrent hier — avenue Fortunée... (*Mouvement de Gaston.*) qui mérite son nom comme vous allez voir... plusieurs fois déjà j'y avais aperçu un de ces élégants merveilleux que le sommeil retient d'ordinaire aussi beaucoup plus tard. Je l'avais vu entrer dans une maison de si mystérieuse apparence qu'un soupçon...

GASTON, *l'interrompant.*

Cette curiosité indiscrète...

JULES.

Laisse-le donc achever!

LE CHEVALIER.

J'attendis et bientôt arriva une petite voiture à stores baissés et aussi toute remplie de mystère; une femme couverte d'un voile sauta ou plutôt vola comme une colombe effrayée de la voiture dans la maison où le jeune homme était entré...

GASTON, *impatienté.*

Mais enfin...

JULES, *le retenant.*

Attends donc!

LE CHEVALIER.

Ce n'est pas fini! la dame, impossible à reconnaître! la voiture repartie et moi curieux désappointé. (*Gaston sourit, plus tranquille.*) Quand le hasard vint m'apporter un renseignement.

GASTON, *inquiet, agité.*

Ah! Monsieur, faites-nous grâce...

JULES.

Qu'a donc Gaston? une agitation surprenante!

LE CHEVALIER, *riant.*

Surprenante? pas trop, car le beau jeune homme se nommait Gaston de Lusigny et la dame?.. la dame avait laissé tomber à mes pieds cette petite bourse. (*Il la montre à ceux qui sont du côté opposé à Gaston.*) Voyez! toute simple, en soie bleue foncée avec des glands pareils et ne renfermant que de petites pièces de monnaie.

ADRIEN, *avec un mouvement très vif et doulou-reux.*

Ah !

SAVIGNY, *avec un mouvemement très violent de colère, dit à part.*

Ciel !

GASTON, *s'avance vers le chevalier, prend la bourse et dit avec une vive colère.*

Si vous n'étiez pas un vieillard, Monsieur,

LE CHEVALIER, *avec indignation.*

Un vieillard !

GASTON, *de même.*

Car c'est indigne ! un homme d'honneur eût donné l'argent aux pauvres et jeté la bourse au feu, entendez-vous. (*Il va jeter la bourse au feu.*)

JULES, *à part, regardant.*

Quelle colère !

ADRIEN, *à part.*

Elle est perdue !

SAVIGNY, *il a fait un mouvement terrible à la vue de la bourse, puis il est décomposé par la dou-leur.*

Ah !

GASTON, *après avoir jeté la bourse au feu re-vient et se trouve en face de la figure bouleversée de Savigny, il est frappé de stupeur et recule avec effroi; après un instant de silence il dit à part attéré.....*

Il sait tout.

JULES, *qui a tout regardé, dit à part.*

Est-ce que par le hasard ce serait?... (*Il rit*) Bon! Gaston n'aurait pas la place.

LE CHEVALIER, *à part, indigné.*

Vieillard! que les jeunes gens sont mal élevés à présent!.....

LE VICOMTE.

Mais pourquoi donc Gaston est-il en colère?

SAVIGNY, *on voit qu'il fait des efforts pour se remettre et paraître calme, il prend le milieu du théâtre.*

Il a raison... pourquoi découvrir ce mystère? Pourquoi troubler ? (*Il se remet*), qui sait si cette femme n'est pas plus à plaindre qu'à blâmer (*Il sourit*), qu'il ne soit pas dit un mot de plus là-dessus, Messieurs, et passons dans la salle de billard; il faut occuper cette journée où nous res-terons ensemble jusqu'à mon départ,

TOUS.

Oui, oui, oui...

JULES, *à part.*

Je m'étais trompé.

ADRIEN, *à part.*

C'est singulier...

GASTON, *à part.*

Il se contraint...

LE CHEVALIER DE SAINT ALIX.

(*Ici les domestiques entrent et débarrassent le guéridon.*)

Et maintenant, messieurs , si nous passions au billard ?

TOUS.

Oui! oui! oui!

SAVIGNY, *qui s'est vu examiner par les autres s'ef-force de prendre un air gai.*

Venez donc, je ne pars que ce soir et je désire que personne ne s'éloigne avant que je monte en voiture...., allons, messieurs...

SAVIGNY, *bas à Gaston.*

Restez ici... (*Ils sortent tous par le fond.*)

SCENE V.

GASTON, *seul, agité et désolé.*

Emeline , cher bonheur de ma vie ! que j'ai compromise, perdue peut-être? que va-t-il se pas-ser? Quelle colère j'ai lue dans le regard qu'il m'a lancé ! mais comme il a été maître de lui ! Quelle crainte de l'opinion ! quelle force elle lui donne? ah! un pareil homme est capable de tout; comment la sauver? si je pouvais du moins la voir, la pré-venir. (*Il sonne*), l'empêcher de se jeter au devant du danger. (*Bertrand entre par la porte du pan coupé à gauche*).

SCÈNE VI.

GASTON, BERTRAND.

GASTON, *sans le regarder.*

Madame de Savigny est-elle visible ?

BERTRAND, *d'un air pénétré et respectueux.*

Elle est sortie, monsieur le Comte.

GASTON, *se retournant brusquement.*

Ah! c'est toi?

BERTRAND.

Guettant un moment pour parler à monsieur le comte.

GASTON, *sans l'écouter.*

Que faire?

BERTRAND, *humblement.*

Je suis un vieux serviteur né sur vos terres ; il y a toujours eu un Bertrand au service d'un comte de Lusigny.

GASTON, *à part, marchant sans l'écouter.*

Ce sera un duel à mort.

BERTRAND, *sans l'entendre et le suivant.*

En voyant la vie que mène monsieur le Comte dans cette ville infernale, une vie qui nous ruine, argent et santé. (*Il a élevé la voix, s'est rapproché de Gaston qui se retourne et se trouve face à face avec lui.*)

GASTON, *brusquement.*

Va me chercher mes pistolets! mon épée!

BERTRAND, *recule épouvanté.*

Ah! mon Dieu !

GASTON *reste immobile devant lui.*
Fais ce que te dis.

BERTRAND, *désolé.*
Il n'y a pas besoin de cela pour vous tuer,
monsieur le Comte ; la vie que nous menons.....

GASTON *le regarde et l'écoute pour la première
fois.*
Quoi?

BERTRAND.
Nous ne sommes plus que l'ombre de nous-
mêmes... Monsieur est si changé !

GASTON, *touché.*
Tranquillise-toi, mon bon Bertrand.

BERTRAND, *plus content.*
Que monsieur le Comte me permette seulement
de lui parler.

GASTON. *Il s'arrête et reste pensif.*
Parle.

BERTRAND.
D'abord... mademoiselle Léonie, votre cousine... est-ce que vous n'y pensez plus? On dit
au pays qu'elle va se marier. (*Il l'examine.*) Ça
ne vous fait rien, ça?

GASTON.
Je désire qu'elle soit heureuse.

BERTRAND.
Ah ! (*Il soupire.*) ensuite, monsieur le Comte,
nous n'avons plus d'argent et nous en devons
beaucoup. (*Il l'examine.*) Ça ne vous fait rien
non plus, ça?

GASTON.
Que veux-tu que ça me fasse?

BERTRAND, *étonné.*
Ah ! (*Mystérieusement.*) Ensuite, il est venu,
ce matin, des gens bien singuliers qui deman-
daient Monsieur. C'était disaient-ils, pour des
billets, des rôles, des pièces ! Est-ce que nous
avons un procès?

GASTON, *très agité.*
Chut ! un secret... (*A part.*) Retenu ici, je ne
saurai donc rien... Si je le chargeais? Oui (*Haut.*)
Écoute Bertrand (*Il tire un billet qu'il lui donne.*)
prends ceci.

BERTRAND, *étonné.*
Un billet de spectacle?

GASTON.
Ce soir tu iras là...

BERTRAND, *étonné.*
Moi? à la comédie ?

GASTON.
Non, à la tragédie.

BERTRAND, *reculant et rendant le billet.*
Dans l'état où est monsieur le Comte, je n'irai
certes pas m'amuser.

GASTON.
Qui est-ce qui te parle d'amusement? Tu iras
écouter une tragédie nouvelle, je le veux.

BERTRAND.
Il faut les ordres de monsieur le Comte ; je n'i-
rais pas sans cela...

GASTON.
Tu viendras après me dire comment cela ce
sera passé, à moi seul.

BERTRAND.
Je n'y manquerai pas. (*Il s'éloigne et revient.*)
Encore un mot ! Monsieur le Comte est si bon,
qu'il est la proie d'intrigants.

JULES, *ouvrant vivement la porte du fond.*
Me voici !

BERTRAND *s'écarte.*
Bon ! quand on parle... (*Sur un geste de Jules
il sort par la porte du pan coupé à gauche.*)

SCÉNE VII.

JULES, GASTON.

JULES, *qui parle vite et gaiement.*
Vite, un mot pendant que nous sommes seuls!
Tu te caches de moi et tu fais bêtises sur bêtises...
D'abord une tragédie que tu fais jouer sans me le
dire.

GASTON, *toujours inquiet et agité.*
Je voulais cacher mon nom.

JULES.
Aux ennemis... bon, mais à moi, c'est stupide !
Qui t'applaudira? Qui te louera ?

GASTON.
Le public, je l'espère.

JULES, *riant.*
Compte là-dessus ; le public a ses affaires, ses
ennuis! sa femme! et quelquefois comme toi ses
amours contrariés.

GASTON, *vivement.*
Silence, là-dessus.

JULES.
Non pas, car c'est là une fameuse sottise !

GASTON, *impatienté.*
Tais-toi donc.

JULES.
Me taire ? quand tu as manqué de nous perdre;
j'ai cru que M. de Savigny savait tout, et d'un
protecteur puissant tu nous faisais un ennemi
dangereux ! heureusement, il y a des grâces d'é-
tat : mari et diplomate, il n'a rien vu... écoute, je
t'ai servi... je vais te faire prêter sur tes terres,
l'argent dont tu as besoin ; mais... alors... cette
place... il me la faut, elle me donnera cette considération qui me manque.

GASTON, *avec emportement.*
Obtenez-la donc par votre caractère et non par
vos intrigues ! assez de cette communauté que je
repousse depuis longtemps et qui finit par me ré-
volter?

JULES, *étonné.*
Comment ? à qui en a-t-il ?

GASTON, *plus calme.*
Oui, laissez-moi, nous n'avons ni les mêmes

idées, ni les mêmes principes sur rien, et je veux me soustraire à une domination qui finit par m'être... insupportable. (*Ici M. de Savigny ouvre la porte du fond, mouvement de Gaston.*) Monsieur de Savigny.

JULES, *à part.*

Ah! ah! il le prend comme cela, nous verrons.

SAVIGNY.

Il n'est pas seul.

JULES.

Entrez, Monsieur, je me retire et ne veux en rien vous gêner...

(*Il sort.*)

SCÈNE VIII.

GASTON, SAVIGNY.

SAVIGNY.

A nous deux, Monsieur... Madame de Savigny...

GASTON, *l'interrompant.*

Je vous jure, Monsieur, que vous êtes dans s'erreur et qu'elle n'a aucun tort envers vous.

SAVIGNY.

Epargnez-vous des paroles inutiles, je ne vous croirais pas et je penserais que vous êtes sans courage.

GASTON, *il fait un très vif mouvement de colère, puis il dit plus calme.*

Ma vie est à vous et je suis à vos ordres.

SAVIGNY, *le regarde quelques instants et dit.*

Écoutez-moi, Monsieur, la loi m'autorisait à vous traîner devant les tribunaux; mais ce - n'est pas la vengeance d'un homme d'honneur, ce ne peut pas être la mienne.

GASTON.

Vos témoins! votre heure! vos armes.

SAVIGNY.

Ce sera un duel à mort. (*Un peu ému.*) Car ma vie est brisée. (*Avec fermeté*), Mais l'heure du combat n'est pas encore venue, Monsieur... vous allez me comprendre, l'honneur veut que vous ayez ma vie.

GASTON, *fait un geste qui annonce son intention de ne pas attenter à la vie de Savigny.*

Oh! moi!

SAVIGNY, *sans avoir l'air d'y faire attention.*

Ou que j'aie la vôtre; mais il exige encore plus impérieusement que le motif de ce duel reste à jamais inconnu.

GASTON.

Le premier prétexte venu peut servir à le motiver.

SAVIGNY.

Me donnez-vous votre parole d'accepter celui que je vous proposerai?

GASTON.

Je ne vous dois que ma vie, monsieur, et si je consens à me soumettre aux conditions que vo exigerez, je puis aussi vous poser les miennes.

SAVIGNY.

Parlez.

GASTON, *hésitant.*

Une... personne... peut avoir à souffrir...

SAVIGNY, *avec douleur.*

Assez, monsieur! Elle a l'excuse du malheur et de l'abandon et mon cœur n'est pas sans pitié.

GASTON.

Qu'elle ignore la cause de notre rencontre et je souscris à tout.

SAVIGNY.

C'est aussi ce que je voulais!... Ces jeunes gens qui étaient là et le monde dont la curiosité est si avide ne se contenteront pas, vous devez bien le penser, d'un prétexte frivole entre vous et moi... et pour qu'on ne soupçonne pas la véritable raison, il en faut une, grave, plausible, et à laquelle une autre femme se trouvera mêlée.

GASTON.

Une autre femme?

SAVIGNY.

Il en est une légère, coquette et vaine qui a quitté votre village pour chercher ici le luxe et les plaisirs.

GASTON.

Jenny! Comment! que voulez-vous?

SAVIGNY.

J'ai tout prévu, tout arrangé pendant ces cours instants : il ne vous reste plus qu'à consentir si vous voulez... sauver... celle...

GASTON, *l'interrompant.*

Tout pour cela! (*Il a écouté et fait un mouvement très troublé.*) mais il me semble! quelqu'un vient ici...

SAVIGNY, *vif mouvement de même.*

Oui! si c'était elle! Venez, Monsieur, apprendre ce qu'il vous reste à faire pour cacher ce secret de mort. (*Ils sortent par la porte du pan coupé à droite; pendant qu'un domestique ouvre la porte du fond, on voit arriver madame de Savigny.*)

SCÈNE IX.

MADAME DE SAVIGNY *entre en riant.*

Ah! ce bon chevalier, il courait!... c'est au moins une conquête à faire (*riant*); il faut qu'il se presse, s'il veut qu'il ne soit pas trop tard pour lui (*Elle rit, elle a ôté son chapeau et son mantelet en parlant; elle s'assied près de la table à droite.*) J'ai eu tort de revenir ici, mais je ne pouvais pas être toute la journée loin de... Gaston!... Il aurait encore cherché à me voir chez ma pauvre Sophie et ne veux rien qui ait l'air de cacher un mystère... Mon amour involontaire est aussi profond qu'innocent... et j'ose m'avouer tout ce que j'éprouve oui ma vie est remplie par les émotions du cœur et jamais elle ne le fut par cette agitation que le monde appelle des plaisirs ! Mais aussi qu'est-ce que tout cela? auprès d'un mot qui s'échappe d'un esprit supérieur et d'un cœur généreux? Jusqu'ici qu'avais-je fait de ma vie ! mon affection repoussée dans le mariage; mon intelligence, inutile; mon temps? je ne savais à quoi l'employer, et maintenant l'emploi de ce temps, de cette pensée, de ce cœur, il est si doux de le trouver dans le bonheur d'un autre : oh! je suis trop heureuse !

SCÈNE X.

MADAME DE SAVIGNY, LE CHEVALIER.

LE CHEVALIER (*Il entre si préoccupé qu'il ne voit pas madame de Savigny*).

C'était bien le cabriolet de Gaston là, à la porte qu'on m'a défendue.

MADAME DE SAVIGNY *se lève troublée au nom de Gaston.*

Que dites-vous?

LE CHEVALIER, *essayant de se remettre.*

Rien! rien! permettez. (*Il lui baise la main avec cérémonie.*) Charmante ce matin comme toujours.

MADAME DE SAVIGNY.

Vous parliez de monsieur de Lusigny; qu'y a-t-il? que lui voulez-vous?

LE CHEVALIER.

Gaston... Ah! mais ce sont de ces choses que je ne puis dire à vous, Madame, qui possédez autant de vertus que de grâces, et qui devez ignorer...

MADAME DE SAVIGNY, *vivement.*

Quoi donc? Ah! nous vivons dans un temps où le secret n'existe plus en rien et où l'on ne laisse ignorer aux femmes ni ce qui les afflige, ni ce qui les offense; jeunes filles il est vrai (*Elle sourit.*), on nous trompe pour nous laisser quelques jours heureux; mais à peine mariées, chevalier, nos maris... oh! cette réserve, cette tendresse, ces délicatesses dont on nous avait dit qu'ils seraient fiers et heureux! ils dédaignent tout cela pour les grossières habitudes et l'amour intéressé des femmes... mon Dieu, monsieur de Savigny lui-même.

LE CHEVALIER.

Il ne s'agit pas de lui... et après tout, le comte de Lusigny est un jeune homme... seulement pourquoi Jenny?..

MADAME DE SAVIGNY, *l'interrompt.*

Au nom du ciel, Monsieur, dites-moi quelle est cette femme dont j'ai déjà surpris le nom.

LE CHEVALIER.

Gaston la connaît depuis longtemps et moi aussi.

MADAME DE SAVIGNY, *avec impatience.*

Pourquoi! comment! qui est-elle? quel intérêt? ah! parlez donc...

LE CHEVALIER, *à part avec fatuité.*

Est-ce qu'elle m'en veut de mes succès près de Jenny? (*Haut.*) C'est une femme charmante, jolie, sage... c'est-à-dire qu'elle l'était avant que Gaston...

MADAME DE SAVIGNY, *très vivement.*

Cela n'est pas possible!...

LE CHEVALIER.

Mais cela est!... je m'échappe pour courir un instant chez elle : qu'est-ce que je vois? le cabriolet de Gaston à sa porte qu'on me refuse... et le groom m'apprend qu'ils sont enfermés! N'est-ce pas que c'est affreux?

MADAME DE SAVIGNY.

Affreux !

SCÈNE XI.

MADAME DE SAVIGNY, JENNY, LE CHEVALIER, *puis* M. DE SAVIGNY, GASTON, JULES, RAYMOND, DURANTY, LE VICOMTE, ADRIEN.

UN DOMESTIQUE, *annonçant au fond.*
Mademoiselle Jenny.

LE CHEVALIER.

Le chercher jusqu'ici !

MADAME DE SAVIGNY.

Oh!... (*Elle va se placer près de la porte latérale, à droite de l'acteur.*)

JENNY, *entrant par le fond.*

Monsieur Gaston est-il là?... (*Elle va au chevalier.*)

MADAME DE SAVIGNY, *près de la porte à droite.*

Cette femme ici !

LE CHEVALIER, *à Jenny, montrant Gaston qui paraît au fond.*

Eh, tenez, le voilà !

M. DE SAVIGNY, *entrant par le fond avec Gaston et tournant ainsi le dos à madame de Savigny.*

Ah, Jenny vous attendait... (*Bas à Gaston.*) Elle est venue, l'absence de madame de Savigny...

JENNY, *à Gaston.*

Vous m'avez fait dire de venir et j'y ai mis bien de l'empressement pour vous remercier de ce charmant bracelet...

GASTON.

S'il vous plaît, belle Jenny, je suis bien heureux.

JENNY, *à Gaston.*

Attachez-le vous-même. (*Elle lève les yeux et aperçoit madame de Savigny qui est immobile près de la porte à droite, regardant avec angoisse tout ce qui se passe.*) Ah !..

SAVIGNY, *se retournant au mouvement de Jenny,*
et voyant sa femme.

Elle !..

GASTON, *même mouvement.*

Ciel !

JENNY, *allant à madame de Savigny.*

Ah, Madame... (*Elle fait une grande révérence;*
madame de Savigny lui lance un regard mépri-
sant et sort par la porte latérale.) Eh bien... elle
ne veut donc pas me recevoir ! (*Elle va vers la*
porte du fond où sont restés Jules, Duranty, le
vicomte et Raymond qui l'empêchent de sortir.)

SAVIGNY, *bas à Gaston.*

Quel effroi !.. vous tremblez ?..

GASTON, *bas.*

Je ne tremblerai pas devant votre épée.

SAVIGNY, *se retournant vers Jenny qui est au*
fond.

Que faites-vous donc, Jenny ?

JENNY, *revenant en scène, ramenée par les jeunes*
gens (1).

Eh bien, je m'en vais ! madame de Savigny s'est
fâchée de ce que je suis ici, et vous ne m'avez pas
défendue, vous, Messieurs, qui passez toutes vos
journées chez moi !.. car, depuis un an, c'est
comme cela ! vous êtes tous venus me chercher;
moi je ne pensais guère à vous !.. autrefois... moi
qui gardais les bêtes !.. ce n'est pas l'embarras,
peut-être n'y a-t-il pas tant de différence !.. cel-
les-ci parlent... voilà tout !

LE CHEVALIER.

Hein ?

JULES.

Qu'est-ce que vous dites donc là ?

LE VICOMTE.

Jenny !

JENNY.

Je dis que je ne veux pas rester ici !.. voyez la
figure de Monsieur de Savigny !.. Il semble en
colère de ce que je suis dans son hôtel ! Gaston
ne me parle pas, et le chevalier a bonne envie de
me faire une scène... bonjour, Messieurs! moi qui
me faisais honneur de venir ici !.. ah, je vois que
vous êtes tous bien différents de ce que vous êtes
chez moi !.. grand bien vous fasse ! je ne vous
reverrai, j'espère, que quand vous serez tous de
bonne humeur.

LE CHEVALIER, *à part.*

Du dépit? elle me reviendra.

JULES, *à Jenny.*

Vous partez ?

M. DE SAVIGNY.

Laissez-la sortir. (*Le chevalier la suit jusqu'au*
fond en lui parlant bas; elle sort.)

(1) Raymond, le vicomte, Duranty, Gaston, Jules,
Jenny, M. de Savigny, le chevalier, Adrien.

SCÈNE XII.

LE VICOMTE, DURANTY, RAYMOND, GASTON,
JULES, M. DE SAVIGNY, LE CHEVALIER.

JULES, *à Gaston.*

Quoi, tu filais le parfait amour avec elle aussi ?

GASTON, *avec une agitation fébrile.*

Oui, j'aime cette femme avec une passion...

M. DE SAVIGNY.

Bien insensée, il me semble !

JULES.

Et le chevalier ?

LE VICOMTE.

Et, sans son départ, M. de Savigny eût été votre rival, cela se voit à l'humeur qu'il vous montre.

GASTON, *agité et passant entre Jules et Savigny.*

Mais si j'aime, je suis aimé, et mon bonheur est
complet...

M. DE SAVIGNY, *s'approchant de lui.*

On peut le troubler, ce bonheur; et fût-on
aussi heureux que vous vous en vantez, on serait
plus réservé, plus convenable.

GASTON, *avec une hauteur insultante.*

Prétendriez-vous, Monsieur ?..

LE CHEVALIER, *se plaçant entre eux.*

Allons donc ! une querelle ! entre vous?.. et
pour Jenny?.. ah, ce serait drôle... très drôle...
et je ne dois pas le souffrir !.. allons donc, mes
amis !

(*Pendant ce temps les domestiques ont avancé*
au milieu du théâtre, le guéridon couvert d'un
tapis, sur lequel ils ont posé des cartes.)

JULES.

La matinée sera complète ; le jeu se prépare.

SAVIGNY, *bas à Gaston, sur le devant.*

Encore un prétexte, Monsieur !

GASTON, *bas.*

Et je l'accepte encore. (*Tout le monde va se*
placer autour de la table de jeu, Gaston et Savi-
gny sont sur le devant, assis vis-à-vis l'un de
l'autre, le chevalier est assis au milieu, entre eux;
les autres sont debout et groupés ; Adrien est à
l'écart près de la table à côté de la cheminée, il
observe.)

LE CHEVALIER.

Mon cher Gaston, vous êtes comme moi, le jeu
vous traite mal; mais on sait le proverbe : heureux en amour, malheureux au jeu !.. je veux
mettre la fortune dans l'embarras, je joue contre
vous, Gaston.

SAVIGNY.

Et moi aussi! un pari en dehors avec M. de Lusigny.

GASTON.

D'où viennent ces cartes? J'en veux d'autres.

SAVIGNY.

Ces cartes étaient chez moi, Monsieur.

GASTON.

J'y perds toujours.

SAVIGNY, *prenant un autre jeu.*
Celles-si vous conviendront-elles?

LE CHEVALIER.
Oui, oui,... au jeu, Messieurs!

SAVIGNY, *qui a tiré son portefeuille, et y a pris des billets ae banque.*
Cinquante louis contre M. de Lusigny.

GASTON.
Je les tiens.

LE CHEVALIER.
Prenez garde, Gaston.

SAVIGNY, *tirant les cartes du lansquenet.*
Vous ne mettez pas au jeu, Monsieur.

GASTON.
Vous êtes bien pressé! (*Il tire des billets de son portefeuille.*

ADRIEN, *à part, examinant.*
L'aspect de ces deux hommes a quelque chose d'étrange et d'effrayant.

LE CHEVALIER.
Gagné! vous avez la main heureuse, M. de Savigny.

SAVIGNY, *continuant de faire les cartes.*
Je parie toujours en dehors, et je double l'enjeu.

GASTON.
Vous ne me verrez pas reculer.

LE CHEVALIER.
Encore perdu!... Gaston, arrêtez-vous.

GASTON.
Je continue.

SAVIGNY, *tirant toujours les cartes.*
Ma foi, à votre place, je renoncerais au plaisir du jeu, il vous sera fatal.

GASTON.
Je n'ai de conseils à recevoir de personne.

TOUS.
Oh! oh!

JULES, *empochant de l'argent.*
Allons, une bonne journée.

LE CHEVALIER, *aux autres.*
Gaston est aujourd'hui bien mauvais joueur, il me semble.

ADRIEN, *à part et à l'écart, observant.*
Les émotions du jeu, quelque fortes qu'elles soient, ne peuvent altérer à ce point le visage d'un homme.

LE CHEVALIER.
Ah, c'est trop fort aussi! encore perdu! pauvre Gaston!

GASTON.
Sur parole! et je double encore!

SAVIGNY, *faisant les cartes.*
Je tiens tout ce que vous voudrez.

GASTON.
Est-ce donc vous qni faites toujours?

SAVIGNY.
Vous en êtes inquiet?

GASTON.
Peut-être!

SAVIGNY.
Vous n'êtes pas assez de sang-froid, Monsieur, pour un homme comme il faut.

TOUS.
Encore perdu!

GASTON.
Et vous, Monsieur, vous avez trop de bonheur pour un galant homme!

ADRIEN, *à part.*
C'est du sang qu'ils veulent.

SAVIGNY, *se levant vivement, et jetant les cartes sur la table.*
Assez! je ne suis pas habitué à jouer avec des gens aussi grossiers et aussi insolents. (*Tout le monde est venu sur le devant, les domestiques enlèvent le guéridon qu'ils reportent au fond*).

GASTON.
Vous croyez-vous aussi heureux sur le terrain que sur le tapis?

SAVIGNY.
C'est ce dont vous pouvez juger à l'instant si le cœur vous en dit.

JULES, *se plaçant entre eux.*
Oh, calmez-vous!

LE VICOMTE, *groupé à droite avec Raymond, Duranty et le chevalier.*
Ils vont se battre.

LE CHEVALIER, *à Gaston.*
Gaston, qu'avez-vous fait? Un parent!

JULES, *à Gaston.*
Un protecteur!... (*A Savigny*). Vous n'exposerez par une vie si précieuse.

SAVIGNY.
Rassurez-vous!... (*Il s'approche des jeunes gens à droite, pendant que le chevalier prend Gaston et l'emmène un peu à l'écart au fond, en lui parlant bas : Adrien est seul à gauche près de la cheminée*). Messieurs, vous connaissez la cause de ce duel... le jeu, cette Jenny!... vous êtes témoins! le jardin de l'hôtel... l'épée!... (*de loin à Adrien*). Vous aussi, restez, Adrien : Si je succombe, vous direz à ma femme, à ma chère Emeline, que mon dernier soupir fut pour elle, et que je la remercie du bonheur que son amour et ses vertus m'ont donné. (*Il va vers la table près de la cheminée à gauche*). Ces papiers, je vous les confie. (*Il lui remet des papiers et en prend un autre sur la table*). Ah, ceci... cette nomination...

JULES, *s'approchant.*
Si vous vouliez?.. mon nom... là... (*Savigny écrit sur le papier et le remet à Jules qui le prend et dit à part.*) Un superbe article nécrologique!.. Ça, vaut cela!

SAVIGNY.
Maintenant, Messieurs, passons chez moi prendre des épées : le jardin sur les Champs-Élysées est désert.

LE VICOMTE, *aux autres.*
Nous espérons arranger l'affaire.

JULES, *à part*.

Et moi, je vais au théâtre !..

SAVIGNY.

Venez... Messieurs, (*Ils sortent tous par le fond*).

GASTON.

Je vous rejoins à l'instant.

SCÈNE XIII.

GASTON, PUIS BERTRAND ET ENSUITE Mme DE SAVIGNY.

GASTON, *va vivement à la porte du pan coupé à gauche*.

Bertrand !

BERTRAND.

Me voilà.. j'allais partir pour la comédie.

GASTON, *tire de sa poche un petit paquet et dit vivement et mystérieusement*.

Oui, mais avant, prends ceci... que personne ne puisse le voir ; dans deux heures quand tu reviendras ici, si tu ne me trouves plus, tu chercheras à le remettre toi-même et secrètement.

BERTRAND.

(*Regarde le paquet et voit qu'il n'y a pas d'adresse*).

A qui ?

En ce moment Mme de Savigny a ouvert tout doucement la porte de côté par où elle est sortie, elle est venue, elle écoute.

GASTON, *mystérieusement*.

A Madame de Savigny, mais à elle seule, entends-tu !

MADAME DE SAVIGNY, *s'empare du paquet*.

Qu'est-ce donc ?

GASTON, *effaré*.

O ciel !

MADAME DE SAVIGNY, *déchire le papier qui enveloppe, Gaston a fait signe à Bertrand de se retirer*.

Ah ! (*Elle voit qu'elle est seule avec Gaston*). Mes lettres ! mon portrait ! sans un mot !

GASTON, *atterré*.

Mon Dieu !

MADAME DE SAVIGNY, *avec passion*.

Gaston, au mépris de toutes les convenances, la tête égarée par la douleur, je venais... au risque.. de la retrouver encore, et c'est une nouvelle preuve d'indifférence, de mépris !...

GASTON.

Arrêtez.

MADAME DE SAVIGNY, *changeant de ton et avec tendresse*.

Eh bien non... cela n'est pas... cela ne peut pas être... vous allez tout me dire.

GASTON, *avec douleur*.

Non ! rien ! et je vous quitte, on m'attend, j'ai déjà trop tardé... et ma parole...

MADAME DE SAVIGNY.

Vous m'écouterez.

GASTON.

Je ne puis, il faut qu'à l'instant même....

MADAME DE SAVIGNY, *avec force*.

Non, vous ne sortirez pas que vous ne m'ayez tout expliqué... parlez, ou je ne vous revois de ma vie.

GASTON, *hors de lui*.

Nous revoir ? c'est impossible, vous dis-je ; mais non non, je ne peux pas, je ne dois pas parler ? et il faut que je sorte.

MADAME DE SAVIGNY, *avec dignité*.

Partez donc, vous avez brisé mon cœur, mais un amour insensé, en a fui pour jamais !

GASTON.

Eh bien ! adieu, pour toujours (*Il sort vivement par le fond*.

SCÈNE XIV.

MADAME DE SAVIGNY, *seule* (*Elle court après lui avec passion*).

Gaston (*Elle s'arrête et revient*) ; mais je suis folle !

(*Elle porte la main à son front*).

Oui, c'est de la folie ce qui se passe là !.. que je souffre !... et c'est lui ! lui ! et cette femme ! là devant moi, il lui parlait avec amour et il vient de fuir à mes paroles, à mes prière (*Elle regarde ses lettres*); mais c'était un projet arrêté ; cet innocent amour qui faisait mon bonheur, ce beau rêve de mon âme !... il a été sacrifié à (*elle s'attendrit*)? Hélas, il n'est donc pas une seule espérance que cette vie puisse réaliser ! nobles instincts de tendresse et de dévouement, vous ne m'avez conduite qu'à des malheurs ! nobles facultés de mon intelligence vous m'avez été inutiles ; voix de mon cœur qui demandiez le bonheur ! lumière de ma pensée qui me l'avez montré ! oui vous m'aviez menti : tout s'est détruit aux réalités de la vie ; et de mes belles espérances, il ne m'est rien resté ! rien ! que faire ? vivre encore ! ici ? revoir tout ce qui brisa mon cœur ! non, non, fuyons, avouons tout à celui à qui ma destinée fut liée... puis qu'importe (*Elle sonne, un domestique parait*). Monsieur de Savigny !

LE DOMESTIQUE.

Monsieur n'est pas dans son appartement où je viens de le chercher pour lui annoncer que les chevaux de poste sont là.

MADAME DE SAVIGNY, *comme prenant une résolution*.

Ah ! je pars avec lui, qu'on l'avertisse (*à elle même*). Oui, il saura tout. (*Le domestique sort par le fond, le chevalier et Jules arrivant.*) Quelqu'un... sortons ! (*Elle sort par la porte de côté pendant que les autres entrent par le fond*).

LE CHEVALIER, *à Jules, au fond.*

Que s'est-il passé? obligé de m'absenter, j'ignore tout.

JULES.

Je ne sais rien, j'étais au théâtre où l'on jouait une tragédie nouvelle.

~~~~~~

SCÈNE XV.

DURANTY, RAYMOND, LE CHEVALIER, JULES, LE VICOMTE.

LE VICOMTE.

Gaston a reçu un fameux coup d'épée.

LE CHEVALIER.

Ciel !.. mort ?

LE VICOMTE.

Non, on a arrêté le sang ; mais un mouvement, une émotion, et c'est fini.

Ici Gaston paraît pâle et soutenu par Adrien, Il s'arrête, appuyé contre la porte, et écoute.

DURANTY.

Il avait été trop insolent avec son protecteur. Il était si orgueilleux !

RAYMOND.

Un vrai fou ; il est ruiné.

LE VICOMTE.

L'aigle de la province qui est venu brûler ses ailes à Paris.

GASTON, *s'avançant.*

Assez ! Messieurs.

TOUS, *vif mouvement.*

Ah ! ah! ah !

GASTON, *ironiquement , et avec amertume.*

Je ne puis rester debout plus longtemps. (*Il s'as-*sied.) Mais cela suffit. Éloignez-vous, j'en sais assez sur votre amitié.

(*Ils font un mouvement vers lui ; il les repousse du geste. Ils sortent.*)

~~~~~~

SCÈNE XVI.

LE CHEVALIER, GASTON, ADRIEN , *puis* BER-TRAND.

ADRIEN.

Du courage ! pas d'émotion ! Le médecin tarde bien.

GASTON, *avec une agitation très vive, assis.*

J'ai prodigué mon bien à des ingrats : j'ai vu des outrages payer mes travaux. Mon cœur est brisé, mon intelligence éteinte, ma force anéantie, et maintenant que l'amour qui faisait mon bonheur est perdu, il ne me reste plus qu'à mourir.

(*Ici Bertrand arrive au fond en courant.*)

GASTON, *se levant vivement.*

Bertrand? et la tragédie? Comment cela s'est-il passé?

BERTRAND, *ne s'apercevant pas de la blessure de Gaston.*

Parfaitement ; on riait, on riait.

GASTON, *étonné et désolé.*

A ces idées graves et sérieuses?

BERTRAND.

Oh! oni, monsieur; votre ami Jules, surtout; au balcon, il donnait le signal ; c'étaient des trépignements, des éclats, des rires, si bien qu'à la fin on n'a plus rien entendu.

GASTON, *retombant sur son siège.*

Ah !

BERTRAND.

Ciel!... mon maître!...

(*On s'empresse autour de Gaston, la toile tombe.*)

ACTE TROISIÈME.

Même décoration qu'au premier acte.

SCÈNE PREMIÈRE.

MADAME DE SAVIGNY, ADRIEN, *ils entrent par la gauche du théâtre au fond.*

MADAME DE SAVIGNY, *avec un peu d'agitation.*

C'est ici !.. Voilà le château de Lusigny.

ADRIEN.

Où vous allez ramener le bonheur.

MADAME DE SAVIGNY.

Arrêtons-nous encore un moment.

ADRIEN.

Oui, car si je vous ai conseillé de laisser votre voiture à l'entrée du parc et d'arriver ainsi seule, à pied, c'était pour prolonger les instants que je devais passer avec vous, et pour... (*Il hésite*).

MADAME DE SAVIGNY. *Elle le regarde en souriant.*

Pour me donner le temps de me remettre de mon trouble, n'est-ce pas? Car, je l'avoue, je crains d'entrer ainsi sans avoir prévenu... sans rien savoir moi-même ! . et mon émotion...

ADRIEN.

Que pouviez-vous faire de plus que ce que nous avons tenté? Loin de la France, depuis deux ans, et ne pouvant recevoir aucune nouvelle du comte de Lusigny, votre premier soin a été de vous en informer à Paris; mais, hélas! il faut là si peu de temps pour être oublié, que nul ne put dire ce qu'était devenu l'homme à la mode deux ans auparavant!.. Cependant, une lettre de lui m'attendait depuis longtemps à l'hôtel, elle a suffi pour m'apprendre l'état de son cœur toujours plein de regrets et d'amour. Il me disait : Mon cher Adrien, je suis revenu dans mon château de Lusigny, et je veux que nul bruit du monde n'arrive jusqu'à moi; ne m'écrivez donc pas. Je passe mes jours au milieu des rochers et des bois, seul avec ma douleur, et j'attends la fin d'une vie qui m'est devenue insupportable. Oui, Madame, voilà ce qu'il m'écrivait.

MADAME DE SAVIGNY. ·

C'était donc mon devoir de le chercher, dès que cela m'a été possible.

ADRIEN.

Il vit, il est ici, vous allez le voir... Que voulez-vous savoir de plus?.. Tous ses chagrins, tous les vôtres, sont finis; permettez-moi donc, Madame, de vous dire que je dois vous quitter avant... votre entrée dans ce château.

MADAME DE SAVIGNY, *étonnée.*

Y pensez-vous?

ADRIEN.

Ah, je n'ai pensé qu'à cela pendant ce long voyage que nous venons de faire ensemble!.. Je sentais bien que cette amitié, cette bonté dont vous me donniez des preuves à chaque instant, cette joie de votre présence, ce charme infini qu'elle prêtait à tout, étaient des trésors auxquels je devais renoncer bientôt... et pour toujours!

MADAME DE SAVIGNY, *vivement.*

O ciel! y renoncer? et pour toujours? mais cela n'est pas possible! Habituée à votre amitié de frère, moi je ne pourrais m'en passer!.. Que ne vous dois-je pas? Lorsque la mort de M. de Savigny me laissa seule bien loin de mon pays, vos soins m'ont sauvée de cette longue maladie qui mit mes jours en danger; vous m'avez aussi sauvée du désespoir en m'apprenant que Gaston... (*Elle se reprend à un mouvement d'Adrien.*) que M. le comte de Lusigny n'avait jamais cessé d'être digne de mon... attachement!.. Depuis, au milieu des affaires d'une mission importante, laissées toutes entre vos mains, les instants que vous dérobiez au travail, vous les avez employés à me sauver de l'ennui et de l'isolement, et maintenant vous me quitteriez?.. Oh! non, non! Ce n'est pas possible! N'avons-nous donc pas été toujours ensemble depuis deux ans?

ADRIEN, *avec passion.*

Et c'est là mon malheur!

MADAME DE SAVIGNY.

Que dites-vous?

ADRIEN.

Rien, rien, madame!... Non! vous allez être heureuse et arracher au malheur un homme qui vous aimait, qui vous aime encore avec passion ; mais votre joie à tous deux...

MADAME DE SAVIGNY.

Quoi donc?

ADRIEN.

Ah! ne me croyez pas injuste ou ingrat! Nul ne désire plus que moi votre bonheur ; mais, voyez-vous, je ne veux pas... je ne peux pas en être le témoin!

MADAME DE SAVIGNY.

O ciel! quelle idée?

ADRIEN.

Est-on maître de sa pensée? Dans ma vie modeste et laborieuse, n'ai-je pas pu avoir un rêve doux et tendre, dont la poésie répandait un peu de charme sur mes jours sans distractions et sans plaisirs? N'ai-je pas pu aimer une femme jeune, belle, spirituelle et charmante, dont l'âme sensible n'avait pu être satisfaite par le monde, le luxe et la vanité? telle enfin qu'un homme la désire pour son bonheur en ce monde, sans jamais pouvoir l'espérer? Cet amour, ignoré et sans joie, ne fut pas sans douleur, et il est impossible de dire tout ce que je souffris quand je la vis, elle, cette femme supérieure et tant aimée, éblouie par le prestige brillant et la folle passion d'un imprudent qui faillit la perdre. (*Mouvement de madame de Savigny.*) Pardonnez-moi! N'ai-je pas eu la force d'étouffer alors ma douleur, de tendre même une main amie à cet homme, quand il fut malheureux, de le justifier quand vous fûtes libre, et de vous amener aujourd'hui jusqu'à lui!... Mais n'en demandez pas davantage... ce serait au-dessus de mes forces! Je repars à l'instant pour Paris......
(*Avec émotion.*) J'ai besoin de reprendre le travail pour occuper ma pensée... J'ai besoin surtout d'embrasser ma mère pour soulager un peu mon cœur.

(*Mouvement de silence.*)

MADAME DE SAVIGNY, *émue, à part,*

Oh! qu'a-t-il dit? (*Haut.*) Quelqu'un...

SCÈNE II.

BERTRAND, MADAME DE SAVIGNY, ADRIEN.

BERTRAND, *sortant du château par le perron.*

Madame de Savigny!

ADRIEN, *se remettant.*

Qui demande à voir à l'instant madame la marquise de Ferrières.

BERTRAND.

Elle n'est pas ici. ·

MADAME DE SAVIGNY, *avec chagrin.*

Ah!

ADRIEN.

Comment?

BERTRAND.

Absente depuis trois mois, nous l'attendons chaque jour.

ADRIEN.

Et... monsieur de Lusigny?

BERTRAND, *avec un peu d'embarras.*

Monsieur le comte?... il est ici... mais pas au

château ; depuis cinq heures du matin il est au bois de la Roche.

MADAME DE SAVIGNY, *à part.*

Pauvre Gaston !

ADRIEN, *à demi-voix, à madame de Savigny.*

Toujours de même, vous le voyez.

BERTRAND.

Dieu sait quand il reviendra.

MADAME DE SAVIGNY, *à Adrien.*

Il serait peu convenable de rester ici... Je m'éloigne.

ADRIEN.

Je vous conduis, et pendant que vous prendrez quelques moments de repos j'irai... oui, encore cet effort... j'en aurai le courage !.. Je vous épargnerai, ainsi qu'à lui, des jours d'incertitude et de chagrin... je chercherai le malheureux Gaston et je l'amènerai à vos pieds retrouver tout ce qu'il regrette !.. Venez !

MADAME DE SAVIGNY.

Ah ! vous êtes le meilleur et le plus généreux des hommes ! (*Ils sortent à gauche au fond.*)

SCÈNE III.

BERTRAND, *puis peu après* JEANNE.

BERTRAND, *seul.*

Quel bonheur qu'ils n'aient pas demandé à entrer ! car mes ordres sont précis... je ne dois rien recevoir de ce qui vient de Paris !.. Ah ! c'est qu'il a failli nous en coûter cher pour ce maudit voyage dans la capitale ! Voilà trois ans que nous sommes partis, comme disait ce vaurien de M. Jules, toute une cargaison de province, chargée de prétentions, de projets et d'espérances !.. Je sais ce qui en est arrivé pour nous... mais, pour les autres, j'ignore ce qu'ils peuvent être devenus !.. A Paris, on devient toujours quelque chose, bon ou mauvais, et personne n'en repart tout juste comme il y était allé !.. (*Il regarde.*) Tiens, j'aperçois encore quelqu'un.

JEANNE, *dans le fond, venant de la gauche.*

C'est cela !.. Je me reconnais.

BERTRAND.

Une dame..... une parisienne..... on voit ça. (*Jeanne va pour entrer au château, il l'arrête.*) On n'entre pas.

JEANNE, *sans le regarder et avec de grands airs.*

Annoncez madame Jeanne de Pressy.

BERTRAND, *la regardant attentivement et avec surprise.*

Qu'est-ce que vous dites?

JEANNE.

Annoncez-moi à madame la marquise de Ferrières : je peux bien voir des marquises, j'espère !

BERTRAND, *l'examinant toujours et tournant autour d'elle.*

Oui, quand elles y sont, et quand elles le veulent... Mais, le nom de Madame...

JEANNE, *toujours avec ses grands airs et sans le regarder.*

Je vous l'ai déjà dit, madame Jeanne de Pressy.

BERTRAND.

En êtes-vous bien sûre?

JEANNE.

Comment, si j'en suis sûre? (*Elle s'est retournée vivement, elle se trouve en face de Bertrand, ils font en même temps, un cri de surprise.*) Ah !

BERTRAND.

Ce n'est pas possible !

JEANNE *le regarde et lui éclate de rire au nez.*

Tu ne peux pas le croire? mon vieux Bertrand.

BERTRAND, *stupéfait.*

Jeanneton !

JEANNE, *riant.*

Moi-même, ou plutôt Jenny... non, Jeanne, c'est plus grand monde ça, Jeanne de Pressy, mariée pour tout de bon avec un capitaliste.

BERTRAND.

Dans la capitale?

JEANNE.

Ah ! tu vas aller de surprise en surprise ! oui, c'est moi qui vais être la dame du château à la place de la marquise.

BERTRAND, *moqueur.*

Allons donc !

JEANNE.

C'est moi qui logerai dans le bel appartement de la marquise.

BERTRAND, *de même.*

Bah !

JEANNE.

Moi qu'on saluera, qu'on respectera, qu'on adorera dans tout le village, comme on faisait à madame la marquise.

BERTRAND.

Vraiment !

JEANNE.

J'ai fait fortune à Paris.

BERTRAND, *à part.*

Elle qui avait tous les mauvais instincts.

JEANNE, *avec dédain.*

Et ton maître? Il s'est ruiné, perdu.

BERTRAND.

Lui qui avait toutes les bonnes qualités.

JEANNE, *avec dédain.*

On dit qu'il est devenu fou?

BERTRAND *se plaçant vis-à-vis Jeanne.*

Et que vous n'êtes pas restée sage. (*Elle fait un mouvement d'impatience.*) Oh! vous étiez déjà paresseuse, coquette, vaniteuse...

JEANNE, *avec un geste de colère.*

Veux-tu bien te taire! C'était bon autrefois,

tes reproches, quand j'étais pauvre ! alors il faut bien en entendre de toutes les couleurs ; mais à cette heure, pas d'injure, malheureux, ou...

BERTRAND.

Et dire que je l'ai tant soignée, mijottée, quand elle était petite.

JEANNE, *redevenant meilleure.*

C'est qu'aussi, Bertrand, est-ce qu'on dit des sottises aux gens riches? Mais, vois-tu, je ne veux pas être méchante et surtout avec toi qui as, comme tu dis, soigné mon enfance... c'est vrai, avec plus de pain sec et de taloches que de bonbons et de confitures ; mais chacun donne ce qu'il peut et je voudrais te le rendre.

BERTRAND, *recule.*

Ah !

JEANNE.

Je veux au moins te dire la vérité. Eh bien ! je suis partie d'ici avec un bon désir de travailler. Mademoiselle Léonie m'avait appris à faire de fines broderies ; au village, je préférais être aux champs à garder les bêtes. Mais je disais avec ce travail-là, je ferai fortune à Paris où il n'y a pas de bêtes... je croyais ça, je n'y avais pas encore été.

BERTRAND, *moqueur.*

Faire fortune avec des broderies ?

JEANNE, *riant.*

Ah ! bien oui ! on ne gagne pas dans une année de quoi vivre un jour comme les belles dames qu'on rencontre à chaque instant, et il faut manger son pain sec à la fumée de trop de bonnes choses.

BERTRAND.

Alors?

JEANNE, *riant, mais avec embarras.*

Alors, voilà qu'un homme bien respectable, car il est bien vieux, m'a dit : Jeanneton, tu es fine comme mouche, gaie comme pinçon, ça me réjouit de te voir... puis il y en a de ces jeunes gens qui croient que (*avec embarras.*), parce qu'on a quelques années de plus qu'eux... ensuite, il parlait de mariage.

BERTRAND, *étonné.*

Qui cela donc ?

JEANNE.

Monsieur le chevalier de Saint Alix.

BERTRAND, *reculant effaré.*

Le chevalier de madame la marquise ?

JEANNE.

Un homme d'âge comme toi. (*Elle rit.*) Mais tu ne comprends pas la chose, toi ! ne voulait-il pas faire croire aux jeunes gens qu'il était aimé d'une jeune femme. Ces riches, il leur faut toutes sortes de choses inutiles. Alors, j'ai dû être bien habillée, bien éduquée ! oui des maîtres ! des leçons ! sans compter le chevalier qui m'en a bien appris et je me disais ça ne peut pas être mal... c'est si ennuyeux tout cela.

BERTRAND.

Voyez-vous !

JEANNE.

Comme il me donnait tout ce que je voulais, je me suis dit encore, il ne manque plus qu'un mari et puisque, à Paris, on a de tout avec de l'argent, donnons-nous encore cela ! j'avais toutes les choses agréables ! alors, j'épouse un malin qui avait envie d'être riche et nous revenons être les premiers dans le village où nous avons été les derniers, voilà !

BERTRAND.

Chut ! une voiture !.. des cris de joie !.. c'est madame la marquise ! courons ! (*Il va dans le fond à gauche.*)

JEANNE, *sur le devant, mais regardant.*

Oui, une berline. (*Elle va un peu dans le fond.*) La marquise !.. (*Elle rit.*) Et le chevalier de Saint Alix. (*Elle revient en riant.*) La vieille marquise aura été le chercher jusqu'à Paris. (*Elle regarde.*) Ils viennent de ce côté ! ils vont passer par ici, tiens ! ça m'intimide de revoir la marquise, ça me fait un effet, je n'ose plus. (*On les voit paraître, Jeanne se met de côté dans le bosquet.*) Attendons ici.

SCÈNE IV.

BERTRAND, LA MARQUISE, LE CHEVALIER, JEANNE, *cachée.*

LA MARQUISE, *à Bertrand.*

Ainsi tout va bien et nous voici revenus de Paris.

BERTRAND.

De Paris !

LA MARQUISE, *riant.*

Ce pauvre Bertrand, il ne peut pas le croire ! Un voyage à Paris, à mon âge. Eh bien!... çà m'a rajeunie moi, j'y ai retrouvé le bon chevalier... qui était si honteux et si chagrin de m'avoir quittée, qu'il en était tombé malade.

LE CHEVALIER, *faisant le galant.*

Comment vivre loin de vous.

BERTRAND.

Oh !

LA MARQUISE, *minaudant.*

Étourdi ! qui était parti sans réflexion ! un coup de tête !

LE CHEVALIER.

Pour vous servir et veiller sur votre fils. Oh ! je n'ai fait que cela? veiller sur lui et penser à vous.

BERTRAND.

Ah !

LA MARQUISE.

Qu'avez-vous donc Bertrand?

BERTRAND.

C'est la surprise.
(*Le chevalier, qui a bien remarqué Bertrand lui fait signe de se taire.*)

LA MARQUISE.

Et de quoi êtes-vous surpris?

BERTRAND.

. Oh! oh! il y a de quoi! (*Signe réitéré du chevalier.*) d'abord du retour comme à jour fixe de tous ceux qui avaient quitté le village! Jusqu'à la petite Jeanneton.

LE CHEVALIER, *troublé.*

Ah!

LA MARQUISE.

La petite Jeanneton est revenue?

JEANNE, *qui regarde depuis le commencement de la scène, dit à part dans le bosquet.*

Présente!

LE CHEVALIER, *avec une ignorance affectée,*

Qu'est-ce que c'est que ça? Jeanneton? je ne connais pas.

JEANNE, *à part.*

En voilà une sévère!

LA MARQUISE.

Une petite fille, assez jolie, qui est partie avec vous tous... et que vous avez vue ici, je me souviens même....

LE CHEVALIER, *avec dédain et fatuité.*

Quoi donc? ah! c'est possible, une paysanne; mais est-ce qu'on se souvient... si je la rencontrais je suis sûr que je ne la reconnaîtrais pas.

(*Elle s'est avancée tout doucement : il se trouve nez à nez avec elle et reste stupéfait.*)

LE CHEVALIER.

Ah!

(*Elle s'écarte avant que la marquise se soit retournée.*)

LA MARQUISE, *très surprise.*

Qu'avez-vous?

LE CHEVALIER, *très troublé.*

Rien! rien! (*A part, regardant autour de lui, effrayée.*) Jenny!

LA MARQUISE.

Vous avez vu quelque chose!

LE CHEVALIER, *très troublé.*

Non, au contraire.

LA MARQUISE *regarde autour d'elle et aperçoit Bertrand qui cherche à éloigner Jeanne.*

Mais si, quelqu'un...

(*Elle fait un mouvement pour aller à Jeanne, le chevalier la retient.*)

LE CHEVALIER.

L'inconnu... à qui Bertrand montre le parc... Nous disions donc...

LA MARQUISE.

Que vous ne vous souveniez plus...

LE CHEVALIER, *l'interrompant.*

Que de vous et de votre fils Gaston,

JEANNE, *dans le fond, malgré Bertrand, qui veut l'éloigner, dit avec impatience.*

Il faut que j'aie de la mémoire pour lui.
(*Elle approche et salue la marquise. La marquise rend le salut sans la reconnaître; à ce salut, le chevalier se retourne inquiet.*)

JEANNE.

Je salue madame la marquise.

LA MARQUISE, *qui l'examine.*

Mais sa voix... ses yeux... quoi! ce serait Jeanneton? ce n'est pas possible!

LE CHEVALIER, *veut éloigner Jeanne.*

Pardon! éloignez-vous.

JEANNE, *au chevalier.*

Tout-à-l'heure. (*A la marquise.*) Oui, c'est moi; mais je ne suis plus Jeanneton, je suis mariée et riche, et je viens m'établir en ce pays! pourtant, je ne suis pas fière et je verrai tout le monde.

LA MARQUISE, *ironiquement.*

Même les marquises!

JEANNE, *qui a d'abord été intimidée, se révolte au ton moqueur de la marquise.*

Oh! les choses sont bien différentes d'autrefois, un voyage à Paris...

LE CHEVALIER.

Dieu sait tout ce qu'on y perd.

JEANNE, *vivement, en riant.*

Ce n'est toujours pas les années.

LA MARQUISE, *avec humeur.*

Le fait est qu'il a vieilli de dix ans, lui.

JEANNE, *très insolente.*

Quant à moi, puisque c'est ainsi qu'on me reçoit, je dirai... je suis jeune, riche et jolie, je suis donc l'égale et même au-dessus de tous... je viens habiter mes propriétés... je fais une visite à madame la marquise... je veux bien reconnaître... mes vieux amis.

(*Elle tend la main au chevalier qui hésite à la prendre.*)

LA MARQUISE, *étonnée.*

Quoi!

LE CHEVALIER, *hésitant.*

Quoi!

JEANNE, *riant, lui tend la main.*

Allons donc... vous qui étiez si heureux quand je vous la laissais prendre.

LA MARQUISE.

Mais il ne vous connaît pas.

JEANNE, *riant.*

Croyez ça. (*Elle imite le chevalier en riant.*) Qu'est-ce que c'est que cela Jeanneton? je ne connais pas. (*Elle reprend sa voix ordinaire et rit en disant :*) A Paris, il aurait voulu être ma plus intime connaissance.

LA MARQUISE.

Il ne passait donc pas tout son temps à veiller sur Gaston?

LE CHEVALIER.

Je vous jure...

JEANNE, *vivement et riant.*

Oh! que si; il y veillait pour l'empêcher de me parler... il en était jaloux.

LA MARQUISE, *avec une dignité sévère.*

Chevalier de Saint-Alix?

LE CHEVALIER.

(*Il est entre les deux femmes, et il dit à mi-voix à la marquise en souriant avec fatuité.*)

C'est elle qui est jalouse (*De même à Jeanne de l'autre côté.*); vous la désespérez?

JEANNE, *à mi-voix au chevalier avec plus d'amitié.*)

Pourquoi ne pas me reconnaître?

LE CHEVALIER, *bas à Jeanne, très galant.*

Pardonnez-moi!

LA MARQUISE, *à mi-voix plus tendre.*

Pourquoi me tromper?

LE CHEVALIER, *bas à la marquise et très aimable.*

Pardonnez-moi. (*Puis il fait un pas en avant et dit avec une grande fatuité.*) Heureux chevalier, on se le dispute toujours.

LA MARQUISE, *fâchée, à part.*

Moi! le disputer à cette gardeuse de bêtes! (*Elle s'éloigne et rentre au château.*)

JEANNE, *riant, à part.*

Moi! le disputer à cette vieille femme! (*Elle s'éloigne par le fond à droite.*)

LE CHEVALIER, *sur le devant à lui-même en faisant le fat.*

Eh! mon Dieu! il faudra bien que je les trompe, les pauvres femmes!... Ah!... (*Il se retourne et voit qu'elles se sont éloignées.*) Toutes deux parties!... toutes deux... Mais non, non, c'est une plaisanterie... courons!

SCÈNE V.

LE CHEVALIER, ADRIEN.

ADRIEN, *arrivant et retenant le chevalier.*

Pas avant, je vous en supplie, de m'avoir dit où est monsieur de Lusigny que j'ai vainement cherché.

LE CHEVALIER.

Il se retrouvera, lui!... mais elle... Laissez-moi, Monsieur, laissez-moi!... (*Il s'échappe.*)

ADRIEN.

Oui... je n'ai pu le rencontrer... et cependant il me tarde de changer en joie sa profonde douleur!...

SCÈNE VI.

GASTON, ADRIEN.

ADRIEN, *regardant au fond.*

Ah!... un paysan vient de ce côté... il se dirige vers le château...

(*Gaston paraît au fond; il est grossi, il porte un chapeau de paille grossière, une veste de chasse en coutil rayé, un pantalon de même étoffe sans sous-pied; il tient un fusil, il a une carnassière; il remet l'un et l'autre à Bertrand qui est sorti du château, et il s'avance en se frottant les mains.*)

GASTON, *dans le fond.*

Tiens!

ADRIEN, *sur le devant.*

Quelqu'un du village, essayons de l'interroger.

GASTON, *toujours dans le fond indiquant la carnassière.*

J'ai fait une bonne chasse: donne ceci à la ménagère. Ah ça! que tout le foin soit rentré ce matin, moi j'irai visiter la luzerne tantôt, qu'on prépare la carriole, qu'on y attèle la jument. (*Il s'avance en gros joyeux papa.*)

ADRIEN, *stupéfait.*

Ce n'est pas possible!

GASTON.

Tiens, quelqu'un (*Il le regarde.*), je ne me trompe pas, Adrien... ah! (*Il se jette dans ses bras.*) mon ami.

ADRIEN, *toujours stupéfait.*

Le comte Gaston de Lusigny.

GASTON, *riant.*

Transformé en fermier, en campagnard.

ADRIEN, *de même,*

J'ai peine à vous reconnaître.

GASTON, *se regardant de la tête aux pieds.*

Eh! bien, qu'en dites vous?

ADRIEN, *étonné et troublé.*

Je ne sais qu'en dire, mais je dois être complètement rassuré sur votre frêle santé.

GASTON, *riant.*

Le repos et la bonne chère, oui je suis devenu un gros bon homme.

ADRIEN, *l'examinant encore, et comme à lui-même.*

Quoi c'est là le beau, l'élégant comte de Lusigny?

GASTON.

Lui-même.

ADRIEN.

Qui voulait se tuer?

GASTON, *riant.*

Ah! ah!

ADRIEN.

Qui était mourant?

GASTON, *étalant sa grosseur.*

Et voilà (*Il rit.*), Restez ici en Limousin. (*Il lui frappe sur le ventre.*) Monsieur le diplomate, nous vous donnerons notre secret et bientôt vous serez comme nous..... ça ne vous ira pas mal.

ADRIEN.

Je n'en reviens pas: mais quelle est donc votre vie, quelles sont vos occupations? Vous me paraissez heureux? L'étude vous a donc consolé; vous aurez fait des volumes entiers de poésie.

GASTON, *riant aux éclats en parlant.*

Ah! ah! de la poésie? des volumes! ah! ah! moi des vers? non! non! Monsieur le diplomate, nous avons pu être fou, mais nous ne le sommes plus: la poésie est restée avec ma maigreur, mon élégance d'autrefois et mes airs mélancoliques... oh! j'ai bien autre chose à faire, sapristi!

ADRIEN, *riant.*

Moi qui croyais vous trouver errant dans les sites pittoresques de vos montagnes ou renfermé dans votre bibliothèque travaillant sans relâche.

GASTON, *riant.*

Ah! ah! la bibliothèque... bah! elle est déménagée, j'en ai fait un fruitier, et les livres sont dans de grands coffres que nous n'ouvrirons peut-être jamais, saperlotte!

ADRIEN.

Et ce langage?

GASTON, *riant.*

Les sapristi, les saperlotte, oh! nous trouvons que cela ajoute de la grâce et de l'énergie à la conversation, ça vous met entrain! que voulez-vous, je n'ai pas besoin de lire, et j'ai besoin de force et de mouvement. Je me lève avec le soleil! je surveille mes ouvriers, je bois, je mange et je dors! quelquefois je chasse! mes voisins viennent me voir, je leur rends leurs visites. Nous rions, nous nous amusons, nous buvons du vin vieux, nous ne lisons pas de livres nouveaux et nous ignorons complètement ce que deviennent et la vieille politique et les idées nouvelles.

ADRIEN.

Quoi! les généreuses passions qui vous agitaient!

GASTON.

Des folies!

ADRIEN.

Et vos espérances de gloire.

GASTON.

Des sottises! dont je ris de bon cœur avec mes amis (*avec dédain*), il a bien fallu comme un autre payer son tribut à l'effervescence de l'âge.

ADRIEN.

Ciel! vous vous moquez de vos idées, de vos espérances d'autrefois.

GASTON.

Poésie que tout cela! et la poésie n'engraisse pas! Je préfère à tous les roucoulements de vers et à tous les beaux discours une bonne chanson joyeuse et un bon dîner. Oui, je suis tombé dans le prosaïque. Mais qu'aurais-je fait ici de la poésie et de l'élégance? Oh! je n'ai plus de prétentions —vous voyez mon costume, je ne suis plus qu'un bon cultivateur et un joyeux compagnon... vous verrez! Je suis un habile fermier! Oh! vous avez beau me regarder d'un air ébahi, c'est comme cela! (*Il rit, et dit très moqueur.*) Ce bon Adrien, il croyait me retrouver pâle, maigre, désolé et poète, nonchalamment étendu sur un divan, enveloppé d'une robe de chambre. Ah! ah! ah!

ADRIEN, *stupéfait.*

Ainsi, plus aucun souvenir de ce qui faisait jadis battre votre cœur!

GASTON.

Des niaiseries!

ADRIEN, *tristement, l'examinant.*

Et c'est ainsi que vous parlez de tout ce qui vous fut cher?

GASTON.

Comment donc voulez-vous que j'en parle? Voulez-vous que je me mette à genoux devant le souvenir de tous les enfantillages de ma jeunesse. Chacun de nous, mon cher Adrien, a eu ses petites exaltations: j'ai eu les miennes, j'ai rêvé des chimères! j'ai voulu réformer la société, j'ai été amoureux comme un fou. Ah! ah! ah! Bast! tout cela passe! C'est comme la terrasse: autrefois, elle était couverte de fleurs inutiles, et vous n'en verrez plus..... je les ai remplacées par de bons arbres fruitiers! De la serre, j'ai fait des étables superbes; j'élève du bétail : c'est l'industrie du pays .. Puis il y a ici des milliers de poules, des pigeons..... mais la volaille, ça regarde ma femme.

ADRIEN, *vif mouvement.*

Votre femme?... vous êtes marié?...

GASTON, *riant.*

Eh bien? Quelle surprise! on dirait que je vous apprends là une chose étonnante..... Oui, je suis marié, et c'est assez naturel, j'espère! J'ai épousé ma cousine Léonie, une bonne femme, peu gênante, peu grondeuse, qui s'occupe du ménage, qui a un talent merveilleux pour toute espèce de confitures.

ADRIEN, *à part.*

Marié! lui...

GASTON, *riant.*

Quelle drôle de mine vous faites là... Vous verrez!... Mais prenez garde! pas un mot du passé... de mon voyage à Paris... de mes folies... c'est la seule chose sur laquelle elle n'entende pas raison. Oh! elle est sévère en diable ; elle ne supporte ni le souvenir de ce voyage, ni le plus petit mot équivoque! La plaisanterie la plus innocente lui fait prendre un de ces airs de gendarme qui tuent la gaieté. C'est égal, c'est une bonne femme, et je suis heureux d'avoir aussi bien rencontré; c'est si chanceux (*Il rit*) le mariage.

ADRIEN, *à lui-même.*

Est-ce possible!

GASTON.

Ah! voici Bertrand..... Vous permettez que je lui dise deux mots?

(*Il va à Bertrand, qui a descendu le perron, et reste à causer bas avec lui.*)

ADRIEN, *sur le devant.*

Ah! je ne m'attendais pas qu'il arriverait un

moment où il serait l'homme positif, et moi l'homme poétique. (*Vif mouvement.*) Dieu! que sera-ce de l'amour? Que dirait-elle? Epargnons-lui ce chagrin... ce regret... Oh! qu'elle ne vienne pas ici!

(*Il va pour s'éloigner, madame de Savigny arrive par le fond, à gauche.*)

Dieu! c'est elle!

SCÈNE VII.

GASTON, ADRIEN, MADAME DE SAVIGNY.

MADAME DE SAVIGNY, *sans voir Gaston.*

La marquise est arrivée... et je n'ai pu résister à ma mortelle inquiétude.

GASTON, *qui la regarde, s'approche, après avoir renvoyé Bertrand.*

Cette voix! cette femme!

ADRIEN, *voulant l'éloigner.*

Ah! venez, madame, ne restez pas ici!

MADAME DE SAVIGNY.

Pourquoi? (*Elle se retourne et voit Gaston.*) Ah!

GASTON.

Je ne me trompe pas, c'est madame de Savigny.

MADAME DE SAVIGNY, *reculant avec surprise.*

Mais je me trompe, moi, ce n'est pas monsieur le comte de Lusigny? (*Ils se regardent.*)

GASTON, *à part.*

C'est bien elle!

MADAME DE SAVIGNY, *à part.*

C'est bien lui!

ADRIEN, *à demi-voix.*

Si vous m'en croyez, Madame.

GASTON, *un peu embarrassé.*

C'est vrai que... mais enfin. (*Il regarde son costume.*) A la campagne. (*A part.*) Je ne sais que dire.

MADAME DE SAVIGNY, *émue.*

Votre embarras...

GASTON, *reprenant son calme insouciant.*

Je ne m'attendais pas... et le premier moment... mais madame de Savigny sera bien reçue au château. (*A part, avec effroi.*) Et ma femme!

MADAME DE SAVIGNY, *troublée et inquiète.*

Quand je partis, il y a deux ans, j'ignorais la vérité... mais Monsieur m'a tout appris après la mort de M. de Savigny... car il n'est plus.

GASTON, *très calme.*

Je l'ai su... c'était un honnête homme que votre mari... il s'est bien conduit dans une occasion...

MADAME DE SAVIGNY, *très troublée.*

Ce duel! ce coup d'épée!

GASTON.

Je n'ai eu que ce que je méritais.

MADAME DE SAVIGNY, *s'approchant du devant de la scène.*

Mon injustice...

GASTON, *s'approchant aussi, Adrien reste à l'écart.*

Je l'ai oubliée depuis longtemps.

MADAME DE SAVIGNY.

Votre désespoir!..

GASTON.

J'aurais dû être désespéré en effet d'avoir troublé votre vie et le bonheur d'un homme de bien; heureusement le monde a ignoré ou oublié tout cela et il n'en reste aucune trace.

MADAME DE SAVIGNY, *étonnée.*

Que dites-vous?

GASTON.

Qui n'a eu dans les folles années de la jeunesse des torts dont on doit effacer à jamais le souvenir? depuis longtemps, sans doute votre vie est calme, heureuse... vous avez une famille! des amis... vous avez aussi, vous, Madame, de belles propriétés dans ce pays.

MADAME DE SAVIGNY, *le regarde étonnée.*

Il faut que je rappelle mes idées.

GASTON.

Comment?

MADAME DE SAVIGNY, *de même.*

Le passé...

GASTON, *souriant.*

Le passé? est passé.

MADAME DE SAVIGNY, *très troublée.*

Mais en vérité. (*Elle tire un petit paquet de lettres.*) J'ai besoin de revoir ceci... pour croire que je n'ai pas rêvé.

GASTON.

Quoi donc?

MADAME DE SAVIGNY, *le regardant.*

Ou de vous regarder et de vous entendre pour croire que je ne rêve pas en ce moment. (*Elle regarde les papiers.*) Oh! non, non, tout est réel et pourtant c'est vous qui avez écrit ceci.

GASTON, *à part, après avoir regardé le paquet.*

Des lettres de moi à ce qu'il paraît?

MADAME DE SAVIGNY.

Parmi ces lettres relues si souvent, il en est une mille fois baignée de pleurs, écrite la veille de notre séparation... la voici!

GASTON.

Ah! ah!

MADAME DE SAVIGNY.

Si je la relisais? (*elle l'ouvre*) oui.. j'ai besoin de me rappeler le passé (*elle soupire*) de vous en faire souvenir.

GASTON, *avance la main.*

Donnez!

MADAME DE SAVIGNY.

Non, écoutez-la.

(*Elle lit*)

« A vous Emeline, à vous l'âme de ma vie, la
« lumière divine qui la guide, la joie rayonnante
« qui l'embellit ;

GASTON, *il a écouté et dit avec stupéfaction.*

J'aurais écrit cela, moi?

MADAME DE SAVIGNY, *elle lit.*

« Vous êtes l'image ravissante de ce monde bril-
« lant, enchanteur, plein de poésie et de passion
« loin duquel je ne pourrais pas vivre.

GASTON, *fait par un regard une espèce de revue
de sa personne et dit à part en souriant.*

Pourtant, j'ai assez bien vécu, il me semble...

MADAME DE SAVIGNY, *lisant.*

« Ma vie, c'est l'amour et la gloire !... oui....
« prendre place au-dessus des autres hommes,
« pour les conduire vers un avenir plus noble et
« plus heureux, et me rendre ainsi digne de vous,
« tout est là pour moi ! »

GASTON, *écoute toujours étonné et moqueur.*

Bah !

MADAME DE SAVIGNY, *elle lit.*

« Renoncer à mes glorieux projets, ce serait la
« mort ».

GASTON, *de même à part.*

C'est fort cela !

MADAME DE SAVIGNY, *elle lit.*

« Et l'absence la plus courte me verrait lan-
« guissant, désolé, attendre dans la douleur et
« l'anxiété que votre présence vînt ranimer
« mon cœur prêt à s'éteindre ou à se briser. »

GASTON.

GASTON.

Saperlotte !

(*Vif mouvement de madame de Savigny*).

GASTON, *se reprenant.*

Non, non pas. Je ne sais plus ce que je dis,
je ne sais plus ce que je pense... ma surprise
(*à part*) c'est vrai, je n'ai jamais été aussi surpris
de ma vie.

MADAME DE SAVIGNY, *avec émotion et dignité.*

Et cependant, Monsieur de Lusigny si le cœur
plus fidèle de la femme que vous avez aimée...

GASTON, *qui commence à la regarder avec
intérêt.*

Et d'une femme si charmante, si belle, si bonne...
(*Il commence à s'émouvoir, et dit un peu à lui
même.*) Je ne sais ce que j'éprouve !... le fait est
que tout change à mes yeux en ce moment !... je
me sens honteux de cette vie grossière !... (*haut*)
Ah, c'est votre présence qui ranime mon cœur !..
mon dieu, que devez-vous penser de moi, tous
les deux ?

ADRIEN, *qui s'est rapproché et se tient à la
gauche de madame de Savigny.*

Vous n'êtes pas le seul qui, de notre temps,
se soit jeté dans un excès pour échapper à un
autre !..

GASTON, *à lui même*

Il semble que je m'éveille... que ma pensée va
revivre... que je me rappelle mes idées de
gloire !...

BERTRAND, *descendant le perron.*

La jument est attelée à la carriole et l'on attend
monsieur pour savoir s'il faut commencer à fau-
cher la luzerne.

GASTON, *qui s'est un peu écarté de madame de
Savigny à la voix de Bertrand.*

(*Avec humeur.*) Tout-à-l'heure !... Plus tard !...
(*Il se rapproche de madame de Savigny.*) ah, laissez-moi vous dire... (*Il voit Bertrand qui a l'air
d'attendre.*) Que fais-tu donc là ?

BERTRAND.

J'attends monsieur le comte.

GASTON, *avec impatience.*

Ah !... (*Il a l'air de chercher un prétexte pour
le renvoyer, alors il se regarde et semble prendre
une résolution.*) Eh bien, oui, j'ai besoin de toi,
il me faut un habit.

BERTRAND, *stupéfait.*

Un habit !

GASTON.

Oui, va préparer ma toilette, je veux m'habiller.

BERTRAND.

S'habiller !... Comment?... (*A mi-voix*) Mais
monsieur le comte n'a pas fait faire d'habit neuf,
et il a tant grossi que...

GASTON, *avec impatience.*

Eh bien, va-t-en ! (*Il revient près de madame
de Savigny.*) Nous parlions de mes anciens projets... de ces idées qui jadis m'animaient à l'espoir du bonheur de tous... (*Il voit Bertrand toujours là.*) Encore !...

BERTRAND.

C'est que j'oubliais !... le père Madré vient pour
chercher le bétail à vendre.

GASTON, *oubliant madame de Savigny et souriant.*

Ce rusé paysan qui m'attrape toujours !... ah,
je suis de force à le lui rendre à présent !... Il va
voir !... (*Il s'arrête.*) J'irai tout-à-l'heure, il ne
perdra rien pour attendre.

BERTRAND, *à demi-voix.*

Madame l'a reçu ; elle vous demande aussi et
je vais vous annoncer... ah, la voici? (*Il s'éloigne.*)

LÉONIE, *descendant le perron.*

Gaston, viens donc !... nous sommes dans le
plus grand embarras !... (*Elle dit avec humeu*

apercevant madame de Savigny et Adrien.) ah!.. du monde!...

~~~~~~

SCÈNE VIII.

LÉONIE, GASTON, MADAME DE SAVIGNY, ADRIEN.

<div align="center">ADRIEN, <i>à part.</i></div>

Ciel!

<div align="center">GASTON, <i>à part, avec effroi.</i></div>

Ma femme!...

<div align="center">MADAME DE SAVIGNY, <i>à Gaston.</i></div>

Votre cousine.

<div align="center">LÉONIE, <i>d'un ton mécontent.</i></div>

Madame de Savigny!... (*Elle salue.*)

<div align="center">MADAME DE SAVIGNY.</div>

Qui vient visiter la marquise de Ferrière.

<div align="center">LÉONIE, <i>d'un ton pincé et provincial.</i></div>

Votre mère, Gaston, à peine arrivée, est en ce moment, comme moi, dans le plus grand trouble; nous croyions toutes deux que les malheurs causés par ce funeste voyage de Paris étaient finis; mais il en renaît encore... et de plus d'un genre. (*Elle jette un regard significatif sur madame de Savigny qui paraît à la fois étonnée et blessée.*)

<div align="center">GASTON, <i>embarrassé.</i></div>

Vous vous inquiétez à tort.

<div align="center">LÉONIE.</div>

A tort!... quand mon mari...

<div align="center">MADAME DE SAVIGNY.</div>

Son mari!... (*Vif mouvement qu'elle s'efforce de réprimer.*)

<div align="center">LÉONIE.</div>

Oui, Madame, quand mon mari m'oublie ici, et qu'il reste loin de moi dans un moment cruel!

<div align="center">GASTON.</div>

Que voulez-vous dire?

<div align="center">LÉONIE, <i>avec pruderie et jetant un regard sur madame de Savigny.</i></div>

Lorsque vos anciennes erreurs... (*Mouvement de tous; elle change de ton.*) oui, d'anciennes dettes et des créanciers impitoyables qui vont s'emparer de vos biens.

<div align="center">GASTON.</div>

Je devine!

<div align="center">MADAME DE SAVIGNY.</div>

Que dit-elle?

<div align="center">ADRIEN.</div>

Ah! je le sais! (*Bas à madame de Savigny.*) Éloignez-vous... venez!...

<div align="center">MADAME DE SAVIGNY, <i>bas.</i></div>

Non, je veux... je dois rester encore... mais quelle leçon!

<div align="center">LÉONIE.</div>

Un de ces faux amis auxquels vous aviez donné votre confiance... Eh! mon Dieu, il va venir lui-même avec votre mère.

SCÈNE IX.

LE CHEVALIER, LÉONIE, GASTON, LA MARQUISE, MADAME DE SAVIGNY, ADRIEN, puis JULES.

(*Le chevalier, la marquise et Jules viennent par le perron.*)

(GASTON, *allant au-devant de sa mère et l'embrassant.*

Ma mère!

<div align="center">LA MARQUISE.</div>

Mon fils!

(*Elle va à madame de Savigny.*)

J'apprends que vous êtes ici, ma chère Emeline, et au milieu d'affaires ennuyeuses auxquelles on ne devrait pas initier des amis... mais que voulez-vous!... M. de Lusigny a voulu aller se faire poète à Paris... Puis à présent (*Elle regarde le costume de Gaston.*)... Au reste, qui est-ce qui est à sa place aujourd'hui?... Aussi, il nous arrive quelqu'un qui veut se mettre à la vôtre, Gaston; et qui prétend qu'une dette contractée par vous va le rendre maître du château! Heureusement, chevalier, vous aviez à Paris une somme considérable que vous nous avancerez.

<div align="center">LE CHEVALIER.</div>

Hélas.... il n'en reste plus rien!... perdue!

<div align="center">LA MARQUISE, <i>vivement.</i></div>

Bien!... vous aurez fait aussi quelque mauvais placement... pour un intérêt extraordinaire... illicite peut-être?...

<div align="center">LE CHEVALIER.</div>

Oh oui... un détestable placement... détestable!...

<div align="center">LA MARQUISE.</div>

A votre âge!... Et moi qui comptais sur vous! Mais voici ce maudit créancier!

<div align="center">TOUS.</div>

Jules!.. M. Jules de Pressy

<div align="center">GASTON, <i>allant à lui.</i></div>

Ah! vous ne dépouillerez pas ainsi la famille qui vous accueillit, l'ami qui vous protégea?...

<div align="center">JULES, <i>très gaiement.</i></div>

Eh! bonjour!... (*Il lui tend la main, que Gaston ne prend pas.*) Non! je ne prendrai que ce qui est à moi!.. Cette famille et cet ami m'eussent-ils donné jadis ce qu'ils possédaient?... Pourquoi leur donnerais-je à présent ce qui m'appartient?

<div align="center">GASTON.</div>

Mais ce que je puis vous devoir, est si loin de la valeur de cette terre.. et d'ailleurs elle n'est pas en vente.

<div align="center">JULES.</div>

Gaston, vous êtes un poète, un élégant, un ambitieux, voire même peut-être un homme de génie... donc vous ne savez pas ce que vous dites quand il est question d'affaires. Depuis un an je vous ai écrit vingt fois; je viens d'apprendre que
~~~~~~

rien de ce qui arrivait de Paris ne parvenait jusqu'à vous... ce n'est pas ma faute.

(Gaston regarde sa femme qui a l'air confus.

LÉONIE, *baissant les yeux.*

Vous l'aviez permis.

JULES, *souriant et moqueur.*

Mais pendant ce temps toutes les formalités ont
été remplies; mais si vous n'avez pas reçu réelle-
ment beaucoup d'argent, vous avez du moins re-
connu en devoir beaucoup; mais vos biens sont
engagés ; mais...

GASTON, *l'interrompant, et d'un ton très moqueur.*

Mais, mais, mais... halte-là!... je ne suis plus
poète, je ne suis plus ambitieux, j'ai toute ma
raison, je suis propriétaire, je tiens à mon bien ,
je le défends, je le garde, et je ne me laisse plus
attraper par personne.

JULES.

Bah !...

GASTON.

C'est comme cela !

JULES, *stupéfait.*

Quel changement!.. (*Il l'examine.*) En effet...
je n'avais pas remarqué... ah! ah!.. mais tout
cela n'empêche pas qu'autrefois...

ADRIEN, *passant à la gauche de Jules.*

Autrefois, monsieur, il vous rendit service, et
c'est pour vous maintenant un devoir...

JULES, *riant.*

Un devoir?... 'ah! c'est monsieur Adrien Derbois !.. il ne connaît que cela, lui !.. le devoir !

GASTON.

Et vous ne connaissez que votre intérêt, vous!

JULES, *riant.*

Et vous, que vos passions, vos caprices et vos
folies !. chacun a son lot.

GASTON.

Mais si j'ai fait des folies, il y a des gens qui
ont fait des sottises.

JULES, *tirant des papiers de sa poche.*

Je suis en règle, moi.

GASTON, *tirant aussi des papiers de sa poche.*

Moi de même.

JULES, *riant.*

Vos biens sont engagés et ils vont m'appar-
tenir.

GASTON , *riant.*

Votre honneur engagé me répond de mes biens.

JULES.

Comment ?

GASTON.

Jadis en Italie... (*Mouvement de Jules*). Ah ! la
mémoire vous revient !.. vous aviez risqué votre
honneur et votre liberté, je vous sauvai... mais
alors j'étais poète, j'avais mille illusions, je croyais
à l'amitié, à la reconnaissance, à... une foule de
niaiseries!... Depuis, j'ai pris mes sûretés!... (*Il
indique les papiers qu'il tient.*)

JULES, *vif mouvement qu'il essaie de cacher
sous un sourire.*

Tu plaisantes!

GASTON.

Comme vous.

JULES.

Je ne te reconnais plus.

GASTON.

Et moi je vous reconnais bien.

JULES.

Tu es devenu malin, rusé,

GASTON.

Vous n'avez pas cessé de l'être.

JULES.

Eh bien !... arrangeons-nous.

GASTON.

Voyons !

JULES.

Quand j'aurai le château...

GASTON, *l'interrompant.*

Ça ne peut pas commencer comme ça.

JULES.

La vente a lieu à l'instant chez le notaire.

GASTON.

Comment?

JULES.

Ah! je suis expéditif en affaires.

GASTON.

Vous allez tout de suite empêcher cette vente.
(*On entend un coup de feu au loin.*)

TOUS.

Ah !

JULES.

Il est trop tard : c'est le signal qui doit m'apprendre que le château est adjugé.

LA MARQUISE.

Ainsi, tout est perdu? Et il nous faudra quitter
le pays?

GASTON, *allant à elle.*

Ma mère !

LA MARQUISE.

Venez, mes enfants, éloignons-nous, et que
personne ne puisse se vanter d'avoir humilié la
marquise de Ferrière.

JULES.

Humilié? au contraire! Je vous recevrai dans
mon château avec tous les honneurs... Oh! moi,
je veux voir la bonne compagnie, et dans ce
pauvre pays il y a si peu de gens comme il faut...

ADRIEN.

Que ce serait dommage d'y ensevelir d'aussi
grands talents et d'aussi belles manières que les
vôtres. Retournez donc à Paris, Monsieur, vous
pourrez y devenir millionnaire, vous avez tout ce
qu'il faut pour cela, et vous n'êtes pas assez riche
encore. (*Mouvement général d'étonnement* (1).

(1) Le Chevalier, Léonie, la Marquise, Gaston.
Adrien, Madame de Sévigny, Jules, Jeanne.

JULES.

Que voulez-vous dire?

JEANNE, *qui est arrivée par le fond, à droite, sur les derniers mots de Jules de Pressy.*

Hélas! pas de château! Je ne suis plus grande dame de village!.. Si j'avais su?.. Il m'avait promis le château, le parc, les bêtes, tout!.. Il ne me reste que lui

TOUS.

Comment?

JEANNE.

Le château a été adjugé à un comte, un grand seigneur, un ministre.

JULES.

Allons donc! ça ne se peut pas! C'est moi qu'ils ont pris pour un grand seigneur.

JEANNE.

Ah bien oui! (*désignant Adrien*). Monsieur est là pour le dire.

LA MARQUISE.

Qu'est-ce donc?

LÉONIE.

Mais enfin...

GASTON.

Expliquez-nous...

ADRIEN.

Rien de plus simple! J'ai eu du bonheur dans la difficile mission que la mort de M. de Savigny laissa entre mes mains, et le ministre alors m'a chargé d'affaires importantes dans une cour..... (*souriant*) où il a jugé que le titre de comte était nécessaire : j'en ai reçu la nouvelle il y a peu de jours.

MADAME DE SAVIGNY.

Et vous ne m'en aviez rien dit?

ADRIEN, *à demi-voix.*

Vous étiez si occupée d'un autre!.. (*haut*) C'est donc de moi qu'il s'agit.

GASTON.

Vous, Adrien !

JULES.

Lui!

MADAME DE SAVIGNY, *joyeuse.*

Ah ! c'est juste !

JULES, *s'inclinant.*

Ambassadeur !

LA MARQUISE.

Comte !

LE CHEVALIER, *à demi-voix.*

Un homme qui n'a que du mérite!

LA MARQUISE, *de même,*

Voilà ce que c'est que les révolutions !

GASTON, *passant à la droite d'Adrien.*

Mais comment se fait-il que mon château...

ADRIEN.

Je vais vous le dire : Je savais depuis longtemps quelles armes on avait contre vous, Gaston, et je connaissais Monsieur !... J'avais donc donné des instructions très précises à mon homme d'affaires : mes ordres ont été exécutés; une surenchère, et tout était dit! (*à la marquise.*) Rentrez donc chez vous, madame la marquise!... Vivez heureux ici, Gaston !..

GASTON.

Qu'entends-je ?

LA MARQUISE.

Est-ce possible ?

MADAME DE SAVIGNY, *à Adrien.*

Ah ! c'est bien !...

ADRIEN, *bas à madame de Savigny.*

Son bonheur ne vous intéressait-il pas?

GASTON,

Mon cher Adrien, je ne peux pas souffrir...

ADRIEN.

Vous vous acquitterez plus tard, mon ami !.... (*Riant.*) Cette terre va augmenter de valeur avec un aussi bon fermier !... D'ailleurs, grâce aux titres que j'ai entre les mains et aux papiers qui sont dans les vôtres, les créances de Monsieur auront à subir de notables réductions.

JULES, *s'inclinant.*

Monsieur l'Ambassadeur... Tout ce que vous souhaiterez... (*Jeanne le tire par son habit.*)

GASTON, *pensif.*

(*A lui-même.*) Le pouvoir, la fortune, le rang!.. Son mérite modeste n'éveilla pas l'envie !

ADRIEN.

Ici l'on vous honore, ou vous aime !... Plus d'exagérations !... Cultivez à la fois vos champs et votre esprit : il y a beaucoup à faire ici pour le bien de tous, et l'intelligence peut s'y employer noblement : croyez-moi le premier dans un village vaut mieux...

GASTON, *vivement.*

Oui... je puis un jour le représenter!

MADAME DE SAVIGNY.

Adieu !.. Je pars à l'instant... (*On fait un mouvement comme pour la retenir.*) pour Paris.

ADRIEN, *lui offrant la main.*

Et bientôt peut-être?...

MADAME DE SAVIGNY, *souriant et lui donnant sa main.*

Pour une Cour étrangère. (*Elle sort avec Adrien, accompagnée de la marquise, du Chevalier et de Gaston pendant quelques pas seulement.*)

JULES, *à Jeanne.*

Plus de château ! (*A Gaston qui revient.*) Mais ton amitié qui pardonne et ces dames... (*On ne lui répond pas.*)

JEANNE, *à Jules.*

Ne te confonds donc pas en politesse !...

LÉONIE, *prenant le bras de Gaston.*

Chassez cet air sombre... et qu'il en soit bien fini avec les beaux sentiment et la poésie !

GASTON.

Je te le jure! Plus la moindre idée de ce genre!

JULES, *à Jeanne, comme continuant leur conversation.*)

Tu ne vois pas qu'il sera un jour député !

FIN.

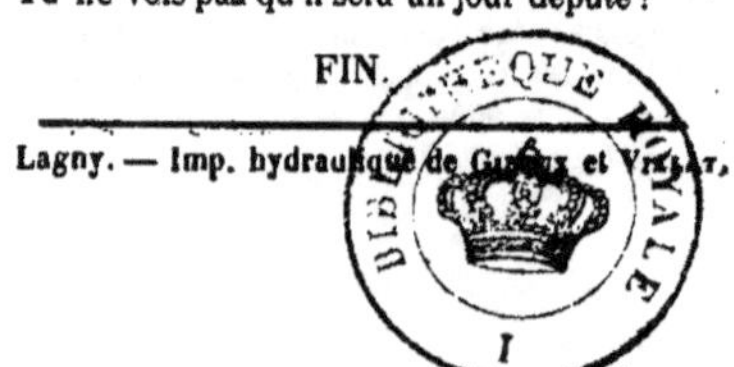

Lagny. — Imp. hydraulique de Guroux et Vialat.

www.ingramcontent.com/pod-product-compliance
Lightning Source LLC
LaVergne TN
LVHW020622180726
843502LV00006B/1818